# 天空の書

## 超ワンダラーへの挑戦

藤森健太

たま出版

## まえがき

# 「天空の儀式」～はるかなる銀河の同胞者たちへ～

二〇〇六年、私の心の中から「天空、天空、天空、天空……」というメッセージが、どこからともなく聞こえてきます。そのメッセージは、毎日のように届きます。

数日後、そのメッセージが「天空の儀式、天空の儀式、天空の儀式……」に変わりました。

「天空？」

「天空の儀式？」

「？・？」

「！」

「そうか、私は天空の儀式をするのだな」

その時にはっきりと自覚しました。しかし、すぐには実行できません。なぜなら、儀式は一人ではできないということが分かっていたからです。

天空の儀式？

今あなたの心には、さまざまな疑問が浮かんでいるのではないでしょうか。その疑問への答えは、この本を読み進めていただくにつれて徐々にお分かりいただけると思います。

今回、皆さまにこのような書物をお届けできますことを非常にうれしく思います。この天空の書は、私の魂（※17）の記憶であるのと同時に、皆さまの魂の記憶でもあります。その意味も、本書を読み進めるうちにお分かりいただけるでしょう。

さて、今この本をあなたが手にしたということは、宇宙的な意味で非常に重要な「命役（めいやく）」を頂いています。つまり、生まれてきた重要な意味があるということです。なぜ、そう言い切れるのでしょうか？　それは、何万、何億、何兆冊という本がある中で、この本を手にされているからです。私自身の生まれてきた意味を悟るための「魂の記憶の取り戻し」も、一冊の本との出合いから始まっています。あなたも間違いなく、その記憶を取り戻すことができる方です。

あなたはご自身の奥底で「自分には何か重大な役目があるかもしれない」もしくは「自分の使命とは何だろう？」と漠然と感じていらっしゃるかもしれません。または、それほど強い思いはなくとも、今の地球という惑星に何らかの疑問をお持ちなのではないでしょうか？

この「天空の書」は、そのような方のために書かれた「感応書記」です。感応書記とは、左脳的知識ではなく、さまざまな目に見えない生命体の援助を得ながら、「右脳的直観力」によって書記させていただいたものです。これから私は、あなたに地球が背負った運命、宇宙の真の姿など、数々の信じられない事実をお伝えいたします。しかし、この天空の書を手にしている方ならば、その信じられない状（情）報も深く理解できるものと確信しています。

仙台では、すでに「能力命授」「感応講義（※2）」「仙骨チャクラヒーリング」「ウルトラヒーリング」「宇宙的儀式」などを通して、多くの方が宇宙の導きを体感し、自らの命役を取り戻しつつあります。この「自らの命役を取り戻す」ということが何よりも重要なことであります。自らが何者で、何をなそうとこの地球に降り立ったのか？　その疑問の答えが仙台にあります。その答え（真実）を知りたいと真剣に思われる方は、この天空の書をお読みになった後、ぜひ仙台へいらしてください。光り輝く自らの本当の人生を歩むために。

それでは、まずは天空の儀式というメッセージが私に降ろされるきっかけとなった「沖縄での超奇跡体験」とその後に私自身に起きた「大脳の覚醒（※18）反応」についてから、順を追ってご紹介いたします。

# 目次

まえがき「天空の儀式」～はるかなる銀河の同胞者たちへ～　1

序章1　沖縄　～超奇跡体験～

私に起こった不思議な現象　10
沖縄での四日間の出来事　15
地球の進化（シフトアップ）と人類の救済　31

序章2　さらなる奇跡体験　～大脳の覚醒反応～

ショックだった大脳の覚醒反応　36
覚醒反応第一波（間脳覚醒）　37
激烈なる覚醒反応との闘い　42
覚醒反応のその後「全人類の完全救済！」～超伝導書の書記～　50

第1章　新生地球開闢
①全宇宙連合とは　56
②大宇宙連合とは　61
③宇宙連合とは　66
④新銀河誕生、新銀河創造指導者とは　75
⑤大宇宙の父、大宇宙の母　78
⑥全宇宙創造指導者とは　84
⑦わが魂の子孫たちへ　～全宇宙創造指導者からの大光言～　87
第2章　全宇宙救済：大：拠点創造
①マクロ宇宙の悟り　92
②ミクロ宇宙の悟り　104
③超極大全宇宙（六十万宇宙）の全て　114
★追記　125
第3章　地球的救済拠点創造
①全人類救済　130

②感応講義とは　144
③救済拠点の命役とは　153
④百年後の地球　〜二一二〇年前後〜　158
⑤仙骨、蝶形骨《ちょうけいこつ》の重要性　169
⑥風水を悟る：著者の体験談　186
⑦肉体を悟る　197
⑧遊画《ゆうが》、仙画《せんが》、大宇宙大愛画《だいうちゅうたいあいが》　200
⑨宇宙大観音様からのメッセージ　206
⑩宇宙弥勒菩薩様からのメッセージ　209
⑪全宇宙最高神：円大神（えんおおのかみ）とは　213
⑫連携　222
⑬集結　231
⑭二百年後の地球　〜二二二〇年前後〜　237

あとがき　246
宇宙新語・専門用語の解説　249

# 序章1　沖縄　～超奇跡体験～

## 私に起こった不思議な現象

一九九七年、私が二十五歳の時でした。沖縄の大救済拠点から「閃光の救済（通称：伝導書）」というシリーズ本が自費出版されます。自費出版と言いましても、全国の書店に並びましたので、もしかしたら当時、手に取ってお読みになられた方もいるかもしれません。現在でも、シリーズの全てを集めることは不可能かもしれませんが、何冊かはネットなどで購入可能なようです。私はその本を弟から紹介されました。その本を読んだ当初は、一般的なスピリチュアル系の本かなというくらいの認識だったように記憶しています。しかしながら、その本を読んだ私に、不思議な現象がいくつも起こります。

当時、普通のサラリーマン生活を送っていた私が、会社に特に不満があるわけでもなく、人間関係も悪くないなか、急に仕事を辞めたくなったのです。ある種の神がかりです。最終的には会社を辞めることになりますが、その「会社を辞めたい」という思いは日に日に強くなっていきました。

当時は「銀行がいつ倒産してもおかしくない」という風潮があり、伝導書にもそのような記述がありましたので、私はタンス預金をしていました。そんなある日、額は百万円くらいでしたが、なんと空き巣に入られ百万円がきれいさっぱりなくなってしまいます。お金がなくなったのだから、もう少し会社にとどまればよいものを、どうしても辞めたくなったので、手元にあまりお金がないにもかかわらず辞めてしまいます。

残り少ない資金で次の仕事を探し始めるまで、東北地方を一周する旅へ車で出かけることにしました。もちろん、宿泊は車の中です。また、私の弟も神がかり的に仕事を辞め、すぐに沖縄へ行き、大拠点を創造された康普全師より「命授」を授かって帰ってきました。弟の話は聞いたのですが、私は経済的問題もあり、その時は沖縄へ行く気になれませんでした。

伝導書は不思議な本です。読んだだけでそんなことが起きるのですから。私と同じく百万円がなくなった方、神がかり的に会社を辞めた方が、私が知っているだけでも数名います。まさに読んだ方の現実が、魂の求めたとおりに人生が大転換する、良い意味での「奇書」と表現できるかもしれません。また、読んだだけでそんなことが起きるなら読まない方がいいんじゃない？　と思われた方もいらっしゃるかもしれませんが、実は、この現象には、ものすごく深い真実が隠されているのです。その真実を知ってしまえば、読まずにはいられなくなります。

さて旅から戻ると、すぐに次の仕事を探さねばなりません。仕事はしばらくして見つかります。しかし、ここからの約一年間が私の人生で肉体的、精神的に最も苦痛を強いられた時でした。仕事は大変な重労働で、毎朝目覚めると手がしびれています。人間関係は最悪で、やることなすこと全てが裏目に出ます。性も根も尽きて、とうとう社員の一人とけんかをしてそのまま会社を辞めてしまいます。会社を辞める少し前、私の知り合いで、後に整体の仕事を一緒にすることになるMさんの紹介によりS院長のもとで施術体験と施術見学をさせていただきました。この時の経験は、今でも忘れられません。

院長が、五十肩の患者さんを、背骨の調整だけでアッという間に治してしまったのです。私は目を疑いました。当時の私は西洋医学しか知らず、そのような症状には、電気や湿布、薬、手術しか方法がないと思っていたのです。それなのに、S院長の背骨の調整だけで治ってしまうことが、本当に奇跡のようにしか思えませんでした。見学と実際に施術を受けてみて、痛かった腰痛も軽減されたことから、院長が弟子を探しているということもあり、私はすぐに弟子入りすることを決めました。

それは今から二十三年前、一九九八年、年末のことです。ところが、弟子入りするのとほぼ同時に、体調がものすごく悪くなりました。最初は、重労働の後遺症かなと軽い感じで流していたのですが、どうやらそうではなく、症状はどんどんひどくなっていきました。院長の施術もほとんど効果がなくなり、私は伝導書に書かれていた「仙骨」という骨を専門に調整してくれるマート（MRT）へ行き、症状の緩和を目指しました。このマートでの体験も感動的でした。S院長の施術は、二十四本の背骨だけに的をしぼった療法でしたが、マートでは背骨には全く触れず、背骨の土台となっている骨盤の中央にある仙骨に、ほんの少しだけ刺激を与えます。施術時間だけだと一秒で終わります。

このような施術で私は本当に良くなるのだろうか？　と首をかしげたくなりましたが、次の瞬間に私の身に劇的な変化が起きていることに気づきます。それは、いつも下を向くと飛び出ていた私の首の骨が、ほとんど飛び出ていないことに気づいたのです!!　通常、首の骨がずれていれば、その骨に力を加えて正常な位置に戻しますが、マートでは仙骨に軽い刺激を与えるだけで、遠くにある首の骨まで調整してしまいます。当時の私には、全く理解できない世界でした。

しかし、そのような感動は得たものの、何となく通う気にはなれず、数日、自分の症状の様子を見ました。多少の軽減はありましたが一〇〇％ではありません。そこで思い切って、二年前に読んだ伝導書の私書箱止めの住所へ手紙を送ることにしました。手紙の内容は、自分の今の症状についてと、大部分が伝導書に書かれていた内容への質問でした。そして、返事が届きます。私の師匠の源毘空師より、以下のような内容だったと記憶しています。

藤森様こんにちは。

藤森様に今出ている症状は『自然淘汰《とうた》反応』と言いまして、薬や、さまざまな代替療法では根治できません。また、さまざまな疑問や質問に対してもそれら全てにお答えしている時間もありません。できましたら、沖縄に一カ月くらい滞在する覚悟で来沖ください。

一緒に市販されている玉ねぎのサプリメントを同封しました。これを毎日二十粒頂いてください。淘汰反応の緩和になると思います。

現在、沖縄では『命授会』は終了しましたが、藤森様のような方のために『ウルトラヒーリング』というヒーリングを実施しています。ヒーリングは施術ベッドで行うだけではなく、私たちと行動を共にすることで、さまざまな『能力を伝授』することや『感応講義』なども含まれます。一式二十五万円になりますが、このヒーリングを受けていただければ、それらの反応を根治することが可能かと思います。

なにとぞご決断いただきますよう、よろしくお願いいたします

通常、このような文面を読みますと、何となく不安が先走るように感じるでしょう。しかし私の場合、そのような不安が全くなく、むしろどうやってお金を工面しようかと、沖縄行きのことを最優先に考えたことを覚えています。これには理由がありまして、師匠の源毘空師がその手紙に乗せてくれた波動(※5)はまさしく「救済」の波動だったのです。その波動が強力だったため、鈍い私でもその波動が読めたので、すぐに沖縄行きを決断できたのです。文字波動はその内容より、書記する方の想いに影響されます。どういう想いでその文章を書記するかで全てが決まってしまうものです。ですから、書記された文字を見ただけで、書記した方がどのような方なのかおおよそ検討がついてしまうのです。

ウルトラヒーリングを受けて仙台に戻った時、私は一〇〇%体調が回復していました。現代の西洋医学では「自然淘汰反応」という反応が理解できていませんから、他の処方を施されれ

ば、症状は悪化し、私は淘汰（肉体死）されていたはずです。

沖縄行きに必要なお金は、結婚する前でしたが、私の妻から全額借りていきました。当時の私の経済的状況を理解した上で、それでもお金を工面していただいたことにはとても感謝しています。

さて、お金の準備は整いましたが、肝心のＳ院長からは沖縄行きのお許しをまだ頂いていません。弟子入りしたての私にそんな自由もないことは承知していましたので、思い切って方便を使わせていただきました。「沖縄にいる私の親友が交通事故で亡くなったので、数日間おひまを頂きたいです」と申し出ました。すると院長は、そういうことであればすぐに行ってきなさい、ということで沖縄行きの運びとなりました。

## 沖縄での四日間の出来事

こうして一九九九年三月二日、私にとって生涯忘れることのできない「超奇跡体験の地：沖縄」へ向かうことになりました。今生界では初めての土地でした。

沖縄に着くと、電話で一度お話しした源毘空師に出迎えていただきました。

「藤森さんですか？」

「はいそうです」

「何だか初めてお会いしたとは思えませんね」

「……はい」

「でも、藤森さんは二年、沖縄に来るのが遅かったですね。しかし、それにも意味があるのです」

「……？」

というような会話が最初だったと記憶しています。

「二年遅かったですね」という私の師匠の言霊に戸惑いましたが、当時は一九九九年、二年遅れたということは、一九九七年に私は沖縄に行かねばならなかったということになります。そうです。その一九九七年に、私は会社を辞めています。しかも百万円を盗まれています。それが意味することは何でしょうか？　お分かりだと思いますが、盗まれた百万円は「命授会に参加するための費用」だったのです。命授会に参加するための費用を、私は車を買う頭金にしようとしていました。つまり、命授会に参加しないのであれば、それは必要なくなります。ですから、手元からなくなったということになります。

信じられないかもしれませんが、当時そのような方が全国的に多くいました。ある建設会社の経営者の方は「命授会に何でそんなにお金がかかるの？」と疑問に思っているうちに、通常はあり得ないことを経験したそうです。県の入札で落札した仕事が、何とそっくり百万円、落札額から引かれてしまったということでした。これはどういう意味かと言いますと、例えるなら、自分が二千万円の家を建てたとして、支払いの段階になって業者さんに「やっぱり二千百万円ね」と訳もなく言われるようなものです。そのように言われてその方はどうしたのでしょうか？　誰に苦情を言うこともなく、すぐに沖縄へ行ったそうです。「沖縄に早く行っていれば、こんなことにはならなかったはずだ。この百万円は私へのペナルティーだ」と考えたそうです。

私は百万円を盗まれた時、それこそ大激高し、数日間よく眠れなかったことを覚えています。また、ある中年の男性の方は、私と同じように急に仕事を辞めたくなったのですが、周囲の人たちからは辞めることを強力に止められました。あと一年勤めれば数百万円の退職金が出るからです。今辞めれば、会社の規定によりほとんど出ません。その方は少しだけ迷いましたが、すぐに会社を辞めて沖縄へ行ったそうです。もし仮にその方が、一年勤めて数百万円を頂いたとしても、そのお金はすぐになくなる運命にあります。なぜなら、必要のないお金だからです。これらは当時のほんの一例です。真理真実に近づくための一種の「試し」が一人一人に課せられていたのです。

さて、師匠とのあいさつもほどほどに、その後すぐに師の車に乗せていただきましたが、当時を振り返ると、すでにこの段階から伝授が始まっていました。さらに言うなら、手紙が届いて玉ねぎのサプリを摂《と》り始めた時から始まっていたのです。

まず、師は車に乗るとすぐに私に足りない食を感応でとらえ「藤森さん、コーラが足りないようです。よかったらこれを飲んでください」と差し出されました。わが師のことですから、前もって感応を取っていて足りないものを準備してくださったようです。当時の私は、祖母から「コーラなどは体に良くないので飲んではいけません」と言われていましたので、ほとんど口にしたことがありませんでした。せっかく用意していただいたコーラでしたが、二口くらいで手が止まりました。本来なら、全て頂いてもまだ足りなかったのだと思いますが、師匠がコーラの波動をものすごく強めていただいたおかげで、二口でもかなりの充足度になりました。そのようなことは当時の私には全く分かりませんでした。今、思い出すと、気づかないところでさまざまなことをしていただいたと改めて感じ取っています。

さて、一日目の昼食は「月桃そば」を頂きました。当時私は、環境問題をテーマに活動をしていた「地球村」というコミュニティに所属しておりましたので、割りばしを使わないように自分のはしを持ち歩いていました。おもむろに私は師匠の前ではしを取り出します。師匠はそれを見て驚かれたようです。私は、単純にはしを持っていたということに驚いたと思ったのですが、どうやら様子が違います。

「藤森さん、知っていたのですね」

「……?」

「どうしてはしを持ち歩いているのですか?」

「今、環境問題に取り組んでおりまして……」と少し長い話をしました。

「なるほど。知っていたんですね」

「……?」

沖縄では当時、毎日のように「導会」という康普全大導師が行う超光感応術および命授が行われていまして、どうやらその導会で「はしを持ち歩くように」とのアドバイスがあったようなのです。私はそれを全く知りませんでした。

念のためですが、私が師匠と呼ぶ方々には、康普全大導師は含みません。大導師を私たちの師匠と呼ぶことは、むしろ失礼にあたります。このように書記すると、やはり宗教なのではないか？　と疑われる方もいらっしゃるかもしれませんが、正直に申し上げれば、私も本当のすごさはいまだに分かりません。それくらい地球人離れした方です。地球にはいらっしゃいますが、銀河惑星人離れしたお方です。超極大全宇宙広しといえども、大導師と互角に宇宙を語ることができる方は、それほど多くはありません。それくらいのお方なのです。そのようなお方が、地球という惑星に光臨されたのは、それなりに大きな大きな意味があるのです。その意味こそ「地球の全宇宙救済大拠点化」なのです。大導師のすごさは伝わりましたでしょうか。

話を戻します。私はせっかくなので、師匠より食についての感応を取っていただくことにしました。師匠も月桃そばを頂かれ、納豆をトッピングされましたので、私にとって納豆は良い食かどうかの感応を取っていただきました。すると、一般的に知られているように、私にとっては「血液を浄化(※19)する」作用があるとのことでした。ただ、「マイナスの作用もありますよ」と教えていただきました。そのマイナスの作用というのは、疲れているときに食すると、かえって疲れが増してしまうということでした。

この感応で、師匠が私に伝えたかったことは、一〇〇％良い食というものは地球上には存在しない、ということだったと思います。さらに、はしの話にもなりまして、割りばしは誰が創造させたか？　という感応も取っていただきました。すると、当時三百九十九次元（※8）に存在する超高意識生命体の「無（ムー）」であることが判明しました。この世で創造されるありとあらゆるものは、それを創造させるインスピレーションを送る大本が存在しています。ですから、自分が創造したものなど本当は何もないのです。その感応を取った後に、師匠もはしは持ち歩いていましたが、「このタイミングでは割りばしのほうがよいですね」と割りばしに持ち替えて月桃そばを食されました。この感応によって、私は持ち歩いているはしを何がなんでも使わなければならない、という意識を捨てることができました。

また、このようなこともおっしゃっていました。

「この私が持ち歩いているはしは、人からプレゼントされたものなのですが、実は合わないんですよ。でも、しばらく使い続けていると徐々に合うようになってくるんです」と。一事が万事、このような調子でしたので、大脳がガチガチに固かった私にとって、受け入れがたいことばかりでした。

その日の夜になると「琉球真王國兄弟の里」（沖縄の救済大拠点の名称）の全メンバー、つまり、私の師匠たちが全員集まって食事がなされましたが、正確に表現すると、源毘空師は私と二人で食事をしたかったようなのです。その目的は、私を緊張させないためです。最初は二人で食事を注文しましたが、打ち合わせをしたわけでもないのに、後から他の師匠たちも同じ店へ入って来られたのです。源毘空師は、他の師匠たちの一緒に食してもいいですか？　という問いを最初は断っていましたが、二人、三人、四人とメンバーの師匠たちが入ってくると、断ることもできず、みんなで食事を、ということになりました。私はと言うと、やはり緊張し出しました。なんせ、みんな立派なあごひげを備えていましたから、仙人の総会か？　みたいな感じだったと思います。でも、考えてみますと、すごいことですよね。何も打ち合わせをしていないのに集まってしまうのですから。

食事が終わってから、その日のメーンである感応講義を源毘空師より頂きました。場所はウルトラヒーリングのオフィスです。その時の感動は、今でもしっかりと覚えています。世の中にこんなすごい講義があるのか！　と心から感動しました。何がそんなに感動だったのかと言えば、師がその知識を教えることではなく、私に必要な状報（※3）を感応でとらえ、教授していただいたことに感動したのです。その時の詳細はまた、別の機会にお話しさせていただきます。

「感応講義」は、自らの魂や心の求めを理解する助けとなります。感応講義を受けて、自らの真の求めを理解し、その求めを、勇気を持って実践できた方は必ず人生が開かれていきます。

感応講義が終わってホテルに到着すると、師匠が「藤森さん真画《しんが》を描いてみてください」とおっしゃいます。そこで、人生初の真画を描かせていただきました。真画というのは普通の絵ではなく、超高意識生命体からのエネルギーが注入された画になります。画を描く前に、自分の意識に超高意識生命体からの波動をインプットするのですが、その時は「大浄化」という波動が降ろされました。インプット自体も自我ではできませんので、全て感応によってとらえます。うまく描こうと緊張したり、左脳を使ったりすると、全く描けません。真画の存在は伝導書の方で知っていたので、師匠から描くように言われた時は、それほど抵抗はなかったと思います。自由に描くようにとのことでしたが、何となくそれっぽいものが出来上がりました。その出来上がった真画を見てから師匠と一緒に空を見上げました。すると、星の一つが激しく光っています。正確に言うと動いています。師匠が一言、「あれはトピ船（宇宙船）です」と。

こうして内容の濃い一日目が終わりました。

二日目は、一日目よりもさらに濃い内容になります。師匠がホテルに到着してからすぐに、ウルトラヒーリングで講義となりました。講義内容は、私に必要な「お風呂の意（い）り方」でした。意るという言葉は悟るを超えた境地で、「悟ってすぐに行動すること」を意味します。講義ではまず、どのお風呂に行くか？　どのような順番で入浴するか？　例えばシャンプーをしてから湯船に浸かるとか、洗顔はどのタイミングで行うか？　など合計で八項目程度の伝授があったと記憶しています。そのとおりにお風呂に入ることで、一気に浄化レベルを上げるのが目的です。

講義がひととおり終わって、そのお風呂に向かう途中、師匠が「どうやら目的地が変更になりました」とおっしゃり、当初感応を取ってくれたお風呂とは違うお風呂に誘導されました。師匠も若干の戸惑いはあったと思われますが、そのお風呂で師匠を待ち受けていたのは、なんと、沖縄では有名な宗教法人のトップの方とお会いするという奇跡です。師匠はその方としばらく会談されていましたが、非常に重要なことであったと思います。その機会を逃せば、伝えられないこともあったと思いますし、師匠が目的地変更をとらえたことによって、宇宙全体の流れが変わったのではないかと思います。私は宇宙の流れが変わるその瞬間を見させていただいたのだと思います。会談終了後、さすがの師匠も少し興奮気味でしたが、冷静にお風呂での私への指導が始まりました。

このような事実に直面した私は、感応で生きるということがどのようなことなのかを少しずつ理解していきました。そして、私の中にあった子供じみた疑問の数々がものすごく恥ずかしくなりました。感応生活とは、まさに何ものにもとらわれず、常に柔軟に物事をとらえて宇宙の流れに沿って生きることです。簡単にできそうですが、地球上で実践することはとても難しく感じられます。

お風呂での指導は、それこそ子供の遊びのようでした。湯船でうつぶせになり、顔を出して仙骨の動きを感じたりしました。露天風呂に備え付けられているイスに一緒に座ると、師匠が貧乏ゆすりを始めましたが、その貧乏ゆすりの意味は魂が喜んでいる合図であるとか、通常では考えられない本当の意味を教えてくださいました。さらに私の場合、冷えた水風呂に入ると心の負担となるので、あまり入らないほうがよいという伝授もありました。

それが終わると次は食事です。生まれて初めて「ハリセンボンの味噌汁」を食べました。地元では「アバサー汁」と言うそうですが、師匠がおっしゃるには、その食が「極みの浄化食」であり、個々人で最適な浄化レベルを与えてくれる食だそうです。しかし、どこのアバサー汁もそうなるのかと言いますと、そうではありません。お店は決まっています。ですから、同じものであってもお店が違うと波動は異なりますので注意が必要なのです。

食事が済むと次はショッピングです。どこのお店だったか定かには覚えていませんが、師匠と一緒に歩いていると、師匠が私の自然功(※9)を見て「藤森さん、ここが気になっていますよ」とアドバイスをしてくださいました。師匠はその人の自然功を見ることによって、必要なものがあるかどうかが分かるのです。

しばらくその店内を見ていますと、きらびやかな黒い招き猫の置物が気になりました。自分のものなのか、誰かにプレゼントするものなのかは分かりませんが、今までの自分では絶対に買わない類いのものでした。しかも、沖縄での滞在費用は間もなく底を突こうとしています。そのような時に買い物をすることなど考えられませんでしたが、師匠は買うように促します。実は、このアイテムは非常に重要なアイテムだったことが、次の日に判明します。

ショッピングが終わると當山開楽師とも一緒になり、三人でいよいよ今回のメーンである行程に入ります。最初に向かった先は「チビチリガマ(沖縄県中頭郡読谷村波平にある鍾乳洞)」と呼ばれる沖縄戦で多くの方が集団自決した場所です。階段を下りた場所にそのチビチリガマがあり、そこでひととおり浄化を行いました。階段を再度上って、来た道に戻ると、少し先を歩くおばあさんの後ろ姿があります。師匠たち二人は私に向かって「あの方は藤森さんとご縁のある方ですよ。少し見ていてください」とおっしゃいました。すると、何と不意に私を見るではありませんか！　師匠たちは「あっ、気づかれたようですね」とにっこりと微笑みました。特にそのおばあさんと会話をしたわけでもありませんが、何となく不思議な気分になったことを覚えています。

そして、再度車に乗り込んで道を進んでいくと、初めて来た土地なのに何だか自分は、絶対にここに住んでいたという強い思いが湧き上がってきて抑えきれなくなり、師匠たちに「私はここに住んでいました！　私はここに住んでいました！」と何度も言っている自分がいました。

ほどなくして車が止まりました。車から降りると、今まで経験したことのないイメージがくっきりと見え始めました。そのイメージは後ろ姿の男性で、風で髪が後ろになびいています。服装は、薄い茶色の布のようなものを着ています。そして、その方が座って瞑想している場所が私には分かりました。私は引き寄せられるように、その場所に体が自然に動いて誘導されていきます。その間もそのイメージは消えることなく、むしろ強くなっていきました。瞑想しているその場へ到着し、イメージと同じポーズをとり、手印を組んだ瞬間、天と大地からものすごいエネルギーが私のカラダを駆け巡りました。もう二十年以上も前の経験ですが、いまだにその時のことを思い出すと、冷静にしゃべることができなくなるくらい興奮します。

しばらくその状態が続きましたが、正気を取り戻した私は後ろを振り向きました。すると、當山師が「そうです。それが藤森さんの過去世です。四百年前、藤森さんはここで宇宙連合と毎日コンタクトをとっていたのです」とおっしゃいました。信じる信じないの話ではなく、実際に自分がイメージを見て、カラダで体感したことです。過去世を取り戻したのは、これが初めての経験でした。この経験を皮切りに私は自分の過去世をどんどんと取り戻していきます。

次に、その場の近くにあったリゾートホテルの中にあるカフェへ向かいました。そこでお茶を一杯頂いた後「少しホテルの中を歩きましょう」と師匠がおっしゃいましたので、一緒にホテルの中を歩きました。ゆっくりと三人で歩いていますと、大きなアンモナイトの化石が飾ってあるスペースに着きました。

「藤森さん、何か感じませんか?」と師匠が私に話しかけます。そのアンモナイトの化石の前で私は目を閉じました。すると、はっきりしたイメージが出てきました。どうやら洞窟の中で、その洞窟を掘り進めているようなイメージです。しばらく掘り進めていくと、何と! 目の前にあるアンモナイトの化石がイメージの中に出てくるではありませんか!

先ほどと同じように後ろを振り向くと、當山師が「そうです。その化石は藤森さんが過去世で掘り起こしたものです」とおっしゃいました。先ほどの興奮も冷めやらぬうちに、人生で二度目の過去世を取り戻したのです。さらに、當山師は「藤森さんと源さんは当時兄弟で、考古学を学ばれていたのですよ」ともおっしゃいました。その時に、源毘空師が私と最初に会った時「初めて会った気がしませんね」と言われた意味がようやく分かりました。

このようにして、重要な過去世を取り戻した後で、ウルトラヒーリングのオフィスに戻り、今度はさまざまな自然功を伝授していただきました。伝授された自然功は「仙骨功」「普全功」「光自然功」などです。カラダが自然に動くという感覚を、この時にさらにハッキリと認識することができ、その動きには全て意味があるということも学びました。

そして、その学びの後にお風呂に行き、ホテルに戻りましたが、そのホテルに戻る途中で、人生三度目の過去世を取り戻します。その体験はまさに「光の体験」でした。ホテルは、浜比嘉島という本島から少し離れたところにありましたが、その島と本島は「海中道路」という道路で結ばれています。道路の両端は海ですから、素晴らしく眺めの良い所です。その海中道路を走っている途中から、私の目の前が急に明るくなりました。外はもう暗くなっていましたから、太陽の光ではありません。その明かりは目を閉じても見えます。そして、どんどん強くなっていき、最終的には強い光となって私を包み込んでいきました。それを察知して當山師が言います。

「今、藤森さんは宇宙にいた時の記憶を思い出しているのですよ」

私は何も言えませんでした。

ホテルに到着し、部屋の中で當山師に軽くヒーリングをしていただきましたが、何とも心地よいものでした。こうして内容の濃過ぎる二日目が終わりました。ベッドに横たわりながら、何となく夢を見ているのではないかと錯覚するくらい、ものすごい体験をさせていただいたことを思い返している自分がいました。

興奮冷めやらぬうちに三日目が始まります。三日目は、ホテルの外に広がる砂浜を散策することから始まりました。師匠がホテルに到着する前に、沖縄の海と空が私を歓迎してくれているようで、非常にうれしく感じました。そして、視界いっぱいに広がる海と空を見ていた時、不思議な現象が起きました。私はカラダいっぱいに心地よい向かい風を受けています。当然、空の雲は私に向かってくるはずです。ところが、風の向きとは反対に私の視界から大きな雲が遠ざかっていくではありませんか！　私はビックリして遠く遠ざかる雲をじっと見つめ続けました。そして、その雲が見えなくなる頃に一つのメッセージが届きます（これは今、この書記をしている瞬間にとらえた感応です）。

「あなたはこの銀河を創造した者、この銀河の最終段階を知るものです。躊躇《ちゅうちょ》してはなりません。皆にこの銀河の本当のことを伝えなければなりません。その仕事はあなたにしかできない重要な任務です。どうかその事実に気づいてください。沖縄は通過点にすぎないのです。沖縄は通過点にすぎないのです。沖縄は通過点にすぎないのです……」！！！

どうやら私は最初の沖縄行きで、すでにかなり深い部分を「魂」で悟っていたようです。一九九九年のこのメッセージが二十年以上後の今、明かされたことで、当時の私の命役であった「超伝導書書記」やその中で語られた「全人類の救済」などの書記の意味がようやく分かりました。なお、本書を最後までお読みいただきますと、今、私が感応でとらえたメッセージの内容をより深く理解できると思います。

ほどなくして、師匠の一人である康普川師が私を迎えに来てくださいました。車に乗り込み、出発しようとした時のことです。師匠が「あれ？　出発できませんね」とおっしゃいました。師匠たちはみんな自然功レベルが非常に高いので、不調和があるとすぐにカラダの細胞が反応します。

今回の場合は、私が重要なものを持ち忘れてしまったようです。私が「昨日買った招き猫の置物でしょうか？」と言いますと「それかもしれません。すぐにお持ちになってください」とおっしゃいましたので、ホテルに戻ってすぐにその置物を取ってきました。すると師匠が「あっ、これで出発できます」とおっしゃって、車が動き出しました。

さらに、ウルトラヒーリングのオフィスに向かう途中の海中道路では、師匠が「あの方と藤森さんはご縁がありますから、一緒に写真を撮りましょう」ということになり、全く知らない方と写真を撮りました。今思うと、感応生活というのは、一瞬一瞬、それこそ本気で生きていないと成り立たない生活なのだとつくづく思います。そして、師匠たちの「一期一会力」とでも表現しましょうか、その能力たるや本当にすごいものです。簡単にまねのできることではありません。

さて、オフィスに着くと、私と同じように他県から学びに来ている方がいました。Aさんという二十代の女性です。また、當山師や源毘空師以外の師匠たちもいらっしゃいました。講義を始める前に、普川師がAさんに「藤森さん、あの置物を出していただいてもよろしいですか？」とおっしゃいましたので、その置物を取り出して、普川師とAさんの近くに置きました。すると、普川師が「素晴らしいものですね。これを藤森さんはどうしたいですか？」と問われました。私はしばし考え、普川師も何となく目で私に合図をしたように感じたので、「Aさんにプレゼントしたいです」と言いました。すると、「そうですね。それがよろしいですよ」とおっしゃったので、Aさんにその置物を手渡しました。Aさんは「ありがとうございます。何か元気が出てくるようです」とうれしそうでした。

その儀式が終わりますと、普川師は「このことで藤森さんは大きなラリ（カルマの反対で宇宙から与えられるプラスのポイント）を積みました。よかったですね」とおっしゃいました。

私は経済的に苦しくとも必要なものは必ず買わなければならないということを、この時学びました。同時に、どんなに安くとも必要のないものは買ってはいけないということも理解できたのです。貴重な学びでした。

Aさんとはオフィスで別れて、他の師匠たちと一緒に次の場所に向かいました。その場所は非常に見晴らしの良い場所でしたが、場所の名前は覚えていません。その場所で目を閉じて集中しますと、何となく船のイメージが薄っすらではありましたが見えてきました。やはりこれも、過去世に関係のあるイメージだったようです。

その地に少し滞在した後、もう一度オフィスに戻り、最後の講義を長野師より頂きました。長野師は当時七十代後半の男性です。風貌はまさに仙人！　お話を伺うと、本当にさまざまな経験をされている方でした。数年後には、康普全大導師の秘書を務められるほど、大導師からの信頼が厚い方です。長野師からの講義内容で一番印象に残っているのは、「皮膚呼吸のみの自然功」という部分です。当時の自分には全く理解できませんでしたが、そこには宇宙の真理真実が実に多く語られています。このようにして、三日間の行程が終了しました。

四日目の帰りの日の朝に、数名の師匠が来られて「藤森さん、私たちと一緒に沖縄で活動をしませんか？」というお誘いを頂きました。しかし、今の私の立場は整体を学んでいる身です。学びを途中でやめ、親を残して沖縄で活動という選択は、どうしてもできませんでした。本当は死ぬほど沖縄で活動をしたかったのですが……。

飛行機に乗り込んで沖縄の地を飛び立つと、涙がとめどもなく溢れてきて、しばらく止まりませんでした。その涙の意味は、「ここには真理真実がある。分かち合える師匠たちがいる。ここにずっといたい」という「魂の叫び」だったのです。

以上が私の沖縄での奇跡体験です。いかがだったでしょうか？

## 地球の進化（シフトアップ）と人類の救済

この体験から六年後の二〇〇五年、十年間に及ぶ「沖縄救済大拠点」は、その命役の全てを終えます。延べ数百名のワンダラー(※12)が沖縄に集結し、体験談の中には書記できませんでしたが、地球の実在界で起きた「大淘汰震（世界的巨大地震）」の波動は完全に消滅いたしました。

そして、七年後の二〇〇六年、「天空の儀式」が私のもとに降ろされます。儀式の目的は、簡単に言いますと、「地球の進化（シフトアップ）のサポート」と地球の進化に追いつけずに淘汰されてしまう「人類の救済」です。人類と言いましても、特にその人類を救済するために降ろされたワンダラーと呼ばれる「救世主の命役をお持ちの方々の救済」です。しかしながら、実際に天空の儀式の一回目を決行できたのは、実にその十二年後の二〇一八年の八月です。

自分の命役の一つを取り戻すことはできましたが、私一人が思い出したところで限界があります。結局十二年間、儀式はおろか、仲間を集めることもできなかったのです。ただただ日常に流されてしまっている自分がおりました。私自身、私の命役を分かりやすく説明し、本気で儀式を決行する仲間を集めようとしなかったことと、自分の命役が地球の常識とあまりにもかけ離れたものであり、それを伝えることはほぼ不可能だという「諦め」的意識を持ってしまったのが、儀式決行を遅らせた大きな原因です。その諦め的意識は、これからお伝えさせていただく大脳の覚醒反応の影響も少なからずあります。

ところで、二〇〇六年と今現在（二〇二一年）では全く違う地球の波動状態です。地球の今生界次元は三次元から八次元へと短期間で急上昇して、命役を取り戻し、宇宙的常識を感じ始めている方々が非常に多くなってきていると私は感じます。この本を手に取られたあなたもそのお一人であると思います。

この機を逃すことがないように、この天空の書のベースは二〇一九年六月から十月の約五カ月間、コロナ騒動が起きる直前に書記されました。今思えば、書記のタイミングは奇跡的だったように感じます。今、私が感じることは、「全ては導かれています。そしてその導きは、ほんの微《かす》かなもの」だということです。

強制的で何らかの強い啓示は、そのほとんどが地球的神仏からの導きであり、宇宙的な真の導きではありません。強制的ではない「微かな導き」を感じ取り、自ら大胆に行動することで物事は大きく動き出します。なぜなら、この書をお読みのあなたもワンダラーだからです。あなたがお持ちの能力やパワーは、あなたが自分自身に感じている能力やパワーよりも、はるかに凄《すさ》まじいのです。それは、その「微かな導き」を頼りに行動することで徐々に理解できてきます。

宇宙的な真の導きは、強制的ではなく「一見弱い導き」ですが、これほど強い導きは他にはありません。弱く感じられるのは、私たちが宇宙をよく理解していないためだと思います。「何となく～」とか「たぶん～」とか「私は将来こんなふうになっているんだよな～」とか、頭ではなく陽心(※16)でとらえている感覚は、まさに宇宙的導きです。その何となくの感覚を大切にして大胆に行動してみてください。きっとその行動の影響力を、ひしひしと感じられることと思います。

さてその後、天空の儀式は二〇一八年十二月五日に完行されます。現在も、その微かな導きにより、さまざまな宇宙的儀式が必要に応じて行われています。「楽しい」と言ったら語弊がありますが、自らの命役を遂行していきますと、魂が歓喜します。地球や地球人類、さらには銀河系全体、そして、そのさらに奥に広がる広大な大宇宙、意識がどんどんと拡大していき、全ての生命がより良くなっていくのを感じます。あなたにもその魂の歓喜、自らの命役の遂行がどのようなものなのかを体感していただきたいと私は切に願っています。

# 序章2　さらなる奇跡体験　～大脳の覚醒反応～

## ショックだった大脳の覚醒反応

次に、沖縄の超奇跡体験後に起きた私の「大脳の覚醒反応」についてお話しさせていただきます。

私は一回目の沖縄行きから仙台に戻りはしましたが、あまりの「魂の大歓喜体験」、そして、一種の「ショック的体験」だったこともあって、三カ月後の一九九九年六月頃には、あの沖縄行きは実は夢だったのだと本気で思うようになっていました。

無理もありません。目に見えない波動や過去世など、私自身興味は非常に強くは持っていましたが、まさか自分がそのような体験をすることなど夢にも思っていませんでしたし、そのような話は本の中での他人の話であって、私には無関係だと思っていたからです。私は、沖縄で奇跡体験をするまでは全くと言ってよいほど、そのような「超常体験」とは縁がありませんでした。また、小さい頃から目に見えない生命体が見えたり、何か特殊な能力があったりしたわけでもありません。

そのような私が突如、たった三日間で波動を感じ始め、過去世を何度か取り戻したわけですから、混乱するのも無理はなかったのだと思います。夢だったと思いたくなるのも、お分かりいただけるのではないでしょうか。

さて、冒頭に沖縄での体験を「ショック」と表現いたしましたが、私の本当のショックは、実はこの沖縄行きの後に起こった「大脳の覚醒反応」なのです。正直に申し上げまして、その時の私の「大ショック」はいまだに残っているように感じます。この体験談を皆さんに向けて書記することで、その大ショックは完全になくなっていくのだと思います。あまりの出来事でしたので、詳細をしっかりと記憶できているかどうか怪しいのですが、できる限り当時に戻って詳しく書記させていただきます。

## 覚醒反応第一波（間脳覚醒）

一九九九年六月、当時の私は整体師の見習いです。いつものように私は院長の車を近くの駐車場に移動しまして、患者さんが来院された時に車の出し入れが簡単にできるようにするのが私の朝の日課でした。その作業が終わったので、院に戻ろうと信号待ちをしていた時にそれは急に起こりました。本当に何の前触れもなく急に起きたのです。沖縄から戻り、体調はすこぶる良く「今日も一日頑張るぞー」という感じだった時です。

その時は「心臓発作」とはこういうものなのか？　といった感じでした。心臓が胸から飛び出して頭に抜けるような感覚が何度も何度も波のように襲いかかってきました。私は思わず信号待ちをしていた場所にしゃがみこんでしまいました。

「ななな、何だ？」「一体自分に何が起きているんだ？？」計り知れない「動揺」が私の心を駆け抜けます。

「あっ、そうか。やはりあの体験は本当に起きた出来事だったんだ！」

私はすぐに沖縄での体験を思い出しました。沖縄に行ったことは夢だと思い込もうとしていたのですが、この反応が私を襲ったことで、一気に沖縄での体験が思い出されたのです。

「あれは夢なんかじゃない！」

「そうだ。あれは夢なんかじゃなかったんだ！」

「そうだ、俺は沖縄に行ったんだ!!」

「沖縄に行ったんだ！」

私は自分を襲っている覚醒反応よりも、沖縄行きが現実に起きていて自分が沖縄に行ったことを何度も再確認しているような意識状態でした。ここから先、私が整体院に戻るまでの記憶がほとんどありません。たぶん、その反応はひとまず収まって、整体院まで戻り、その日の仕事をこなしたのだと思います。

覚醒反応の凄まじさは、この六月の第一波を皮切りに「浄化反応」も加え、私の身にさまざまな現象を巻き起こします。

ここからは、私の魂に深く刻まれてしまった今生界の大脳覚醒反応による巨大ダメージを消滅させるためだけに書記させていただきます。

✡　✡　✡

**遠くに浮かぶ船を見ています**
**私は何をしにここに来たのか？**
**私は何を成すためにここにいるのか？**
**さまざまな疑問が浮かび上がる**
**「そう、君は全人類を救済するためにここに来たんだよ！」**
**なぜ僕が全人類を救済しなければならないの？**
**「それは自分に問いかけることだね」**

場面が変わります。
夜空を見ています。

**君は何のために生まれてきたの？**

君は何の目的があって生まれてきたの？
生まれてきた意味なんて分からない！
本当？
本当さ、誰もそんなことは分からないのさ
本当？
たぶん
本当に本当？
君にはその意味が分かるのかい
もちろん、分かっている
どうやったら分かるようになるの？
それは、君自身が本気でそのことを求めた時に教えてあげる
今はまだ教えられないよ、本気じゃない

また場面が変わります。

君はいつからそこにいるの？
いつから？　いつからだっただろう
もう忘れたの？

忘れた、たぶん遠い昔からここにいる
へー、そうなんだ、そこは居心地がいいの？
そうでもない
なぜそこにいるの？
分からない

さらに場面が変わります。

夕焼け空を見ています
天空からメッセージが降りてきています
もう還《かえ》ってきてもいいのだよ！　何も頑張る必要はないのだよ！　皆還ってきている、君もそ
うすればいい！
でも僕にはできない
僕はここにとどまる
その理由は……

✡

✡

✡

## 激烈なる覚醒反応との闘い

覚醒反応との闘いを記す前に、一九九九年に大きく取り上げられたノストラダムスについて少し触れておきます。伝導書の中でもノストラダムスは、当時の地球の人間魂としての最高次元である九次元の真理聖界にいることで紹介されています。

**一九九九年七の月**
**空から恐怖の大王が降ってくる**
**アンゴルモアの大王を復活させるために**
**その前後の期間、マルスは幸福の名のもとに支配に乗り出すだろう**

上記は有名なノストラダムスの大予言の一九九九年の四行詩です。ノストラダムスはフランスの非常に優秀な医師であり、占星術師でもありました。彼の予言は大宇宙に存在する通常のアカシックレコードではなく、全宇宙に存在する「大アカシックレコード」を読む能力です。

アカシックレコードというのは、私たちの住む大宇宙の「過去現在未来、全ての出来事の大まかな流れを記録」しているもので、次元ごとに別々に存在しています。それに対して「大アカシックレコード」は全宇宙で起きることの全てを細部に至るまで正確に記録し、次元などの壁が存在せず、一つのレコードに全てが記録されています。大アカシックレコードを砂浜に例えるなら、アカシックレコードは砂粒です。アカシックレコードは、その記録の質や量において大アカシックレコードには到底及びもしません。なお、大宇宙と全宇宙の違いは「第2章全宇宙救済：大：拠点創造」をご参照ください。

つまり、ノストラダムスが残した予言は大アカシックレコードに記録されている正確な出来事をもとにしています。それゆえに何年何月に～～が起きるということをストレートに書いてしまうと、さまざまな問題が発生してしまうため、あえて分かりにくい「四行詩」という形を取り、その出来事が起きた後に分かるように工夫をしたのです。

ですから、彼が予言を書かされた四百五十年ほど前、彼が集中すると最初に年号と月が表示され、次に出来事を映像として見せられたのです。そして、その映像は、はるか先の西暦三七九七年までの主要な地球での出来事です。四百五十年前から現在を見るだけでも相当な精神力が必要だと思いますが、三七九七年までとなると、その映像を当時の知識で見たとしても簡単には理解できなかったはずです。しかし、彼はその当時、集中して映像が見え始めると、その映像がどういうものであるか、どういう出来事なのかをテレビで見たように、当時の知識でも、ある程度理解できるような「解説」をもとらえていました。

そのような意味で、ノストラダムスは現在の私たちの一般的な現状や救済活動（※4）の現状もハッキリととらえているのです。このようなズバ抜けた予知能力は、彼に与えられた宇宙的命役を遂行するために他なりません。上記の有名な一九九九年の四行詩の意味も一般的にはよく分かりません。しかし、「アンゴルモア大王」というキーワードは、正しく宇宙的命役を帯びた人にしか分からないものです。

**アンゴルモア大王の命役とは**

**1．全宇宙の超極大大進化における生命の保護**
**2．全宇宙の超極大大進化における生命の究極的選別**
**3．全宇宙の超極大大進化における生命の復活**

となり、当時の康普全大導師の肉体を通してのみ、その波動は地球人類に放たれたのです。

それでは本題に入ります。当時はその七月に人類滅亡やら、巨大天変地異やら、とにかく地球が大変なことになると大騒ぎしていた時です。私の覚醒反応のピークはまさにそのような時でした。当時は「世紀末波動」と言いまして、非常に特殊な波動が地球を覆っていた時です。どれくらい特殊かと言いますと、「感応力（※1）が通用しない」、「アカシックレコードの記録にないことが起きる」といったことですが、それほどのとても特殊な波動です。

現在のような通常時にはあり得ないことですが、世紀末波動によって乱れに乱れていた地球ではそのようなことがたびたび起こっていました。その世紀末波動は一九九七年初頭から二〇〇二年八月くらいまで続きます。最近では二〇一七年十一月から二〇一八年一月の約三カ月間にその波動が出現しました。その時に地球に起きたことは、最高次元、実在界次元、今生界次元の全てが、一度に上昇して天空の儀式の準備が整った時期にもあたります。そのような乱れに乱れた世紀末波動の中での覚醒反応は激烈なものとなりました。

では、私の身にどのようなことが起きたのか、箇条書きにしてみます。

**1．視覚の硬像変換の体験**

**①煙草を吸っている人を見た時の肉体の内部映像**

**②自分が悪い言霊を発した時に見えた、肉体内部に放出された黒い粒々**

**2．超人類的身体能力の体験**

**①カモシカ**

**3．細胞の進化**

**①自然功を舞い狂う**

**4．脳下垂体の一部の覚醒**

**①頭上からの扇形のエネルギー**

**②自然功で過去世を思い出す**

**5．大脳の物質界と波動界の錯覚**

**①空を飛べそうな感覚**

**6．仙骨の覚醒**

**①自然功三時間業**

②お風呂五時間業
7. 大脳の反動区（浄化反応）
①異常行動（裸で踊る、工事車両の盗難未遂）
②婚約祝いを置いて失踪
8. 感応異常
①言葉遊び
②邪的通信
9. 未熟な自然功
①自然功の意味が深まらない
②体が自然に動くことに対しての優越感
10. 未熟な通信能力
①置き手紙「P空に乗る」～自殺を思いとどまる
②高速道路での大事故からの奇跡的生還
11. 礼儀礼節の欠如
12. 優越感の拡大
13. 陰心の先行
14. 魂の理解不足
15. 救済活動の誤解

おおむね以上のようなことが起きました。箇条書きなので分かりづらいかもしれませんが、一つ一つに大きな意味があります。今振り返れば、あの世紀末波動のさなかで、間脳覚醒の半分以上は「邪的覚醒」に流されていたのだと理解できます。

私は一度だけ本当に死のうと思ったことがあります。私が自殺をしようと思った当時の動機は非常に強く、宇宙連合の超強力な守護がなければ、間違いなく今、この世に存在していません。私を自殺に至らしめようとした原因は、上記の「10．未熟な通信能力」と「15．救済活動の誤解」によります。

覚醒反応の第一波は激烈なものでしたが、その後も上記のようなたび重なる反応が何度も繰り返し、私を襲ってきました。今感じ取ってみても、その数カ月間、本当によく生き延びることができたものだとしみじみと思います。

沖縄で学んでいた当時の学士さん（当時沖縄で学んでいる方をそのように呼んでおりました）の一人に伊香賀《いこうが》さんという方がいます。彼は次の項でお伝えする「超伝導書」書記の命役を持つ、もう一人の人物なのですが、私と同じように沖縄で学び、沖縄にとどまることを決断しました。彼のほうが、私よりも沖縄行きは遅く、一九九九年末頃だったと記憶しています。当時、彼も私と同じくらいの年齢でしたから、仕事はしていたはずですが、大導師からのアドバイスもあり、沖縄にとどまることを決断したようでした。

そのアドバイスとは、「あなたは藤森さんが経験した覚醒反応に耐えられない」という内容でした。このことを二回目の沖縄行きの時に師匠の一人からお聞きした時、本気で死のうとした自分に起きた覚醒反応が、生きるか死ぬかの本当にギリギリの境界線だったのだと改めて理解できました。

いいえ、この書記をしている今この瞬間、ようやく、ようやく、深く理解できました。「簡単なことではなかった……覚醒反応を乗り越えることは。いや、私はまだ覚醒反応を本当の意味で乗り越えてはいない」。

あの時に受けた衝撃、母が泣き崩れている姿、父がぼうぜんと私を見つめている姿、父にして、トンビがタカを生んだとさえ言わしめた自分の二十七年間が全て崩れ去ってしまったあの衝撃は、いまだに私の魂と心の奥深くに深く広く突き刺さっていたのです。

確かに護《まも》られていた。しかし、生き延びることで失ったものは大きかった、実に大きかった。死んだほうが良かったのかもしれないとさえ、今は思えてしまう。

どうして、どうして、どうして、

こんな自分が生きていて生き延びて一体何が良かったのだろう……。

一体何が……。

今私の胸に去来するものは「身近な家族と藤森オフィスで働いてくれた多くのスタッフへの後悔の念」です。

家族のように私の覚醒反応を見守ってくれた整体院のS院長、父、母、弟、亡くなった下の弟や祖父や祖母、妻や子供たち。そして、藤森オフィスを盛り上げてくれていたスタッフたち。もっと優しく接することができたはずです。特に、亡くなった弟や祖父母には、結局、何もしてあげることができませんでした。

今、覚醒反応を乗り越えていない自分をしっかりと自覚できたことで、一筋の光を垣間見ました。反応を乗り越えていない自分が、身近な家族やスタッフに対してつらくあたってしまったことなど、何もかもが自覚できました。そして、それらを真正面からしっかりと自覚することで、「反応苦」にあえいでいた自分自身をも自覚でき、本当の意味で覚醒反応を乗り越えたことも今ハッキリと分かりました。

もう、私の中で乗り越えなければならないものは皆無です。皆無と言いましても、「浄化業」が終わるわけでは、もちろんありません。覚醒反応から二十数年、封印し続けてきた覚醒反応との長い闘いにようやく終止符を打つことができました。長い道のりでした。最初に沖縄の師匠たちから伝授していただいた「感応書記」によって、私の反応苦との闘いは終わったのです。

この書にご縁のあったあなたは「人類救済」という命役の一つを帯びていらっしゃいます。

救済活動はまず、自分を救済することから始まります。つまり「自覚」することです。そう、あなた自身が救世主であることを。自覚できれば、本質である魂は安堵《あんど》し、必要以上にあなたにきついメッセージを送ることはなくなるでしょう。あなたの魂と向き合ってください。そして、これからあなたが何を為すべきかのヒントをこの書から得てください。

## 覚醒反応のその後「全人類の完全救済！」～超伝導書の書記～

上記のような激烈な大脳の覚醒反応がひと段落した後、私はほぼ毎日のように「感応書記や遊画（当時は真画）」を描いていました。その目的は、今思えば「浄化」です。この浄化という概念こそ、宇宙に飛び立つためにはなくてはならない重要な要素です。「浄化業」は後述いたします。遊画に関しては後章でお伝えいたしますので、ここでは感応書記についてお伝えいたします。

感応書記は基本、「宇宙からの真の状報」です。ですから、書記すればするほど宇宙の波動を頂けます。宇宙の波動はつまり「浄化」です。浄化という意味では書記の内容も重要ですが、それよりも感応書記を毎日少しずつ行うことも重要です。お風呂や水分補給と同じような感覚です。後述する基本的浄化業と同じように習慣にできれば、なおよろしいと思います。慣れてきますと、さまざまな形態で書記が為されることが理解できますが、慣れるまでは以下のような書き出しを基本にされるとよろしいと思います。

二〇二一年〇〇月〇〇日　生命

**「今日の私の為すべき必須事項とは」**
**1．お風呂に三回入る**
**2．……**

**同じく書き出し例**
二〇二一年〇〇月〇〇日　生命
**全宇宙連合からのメッセージ**
**これからの地球に迫っている危機的状況を回避するために皆さんに……**

上記のように全宇宙に存在するあらゆる「生命」に意識を合わせることで、必要な行動やメッセージが降ろされてきます。最初のうちはうまくできなくとも、後述する中心感覚（※10）同様、毎日の訓練によって徐々にコツがつかめてきます。

私も最初のうちは意味がよく分からない未熟な感応書記でしたが、徐々にコツがつかめて、意味が分かるものが時々書記できるようになってきていました。そうこうしているうちに、本の目次のようなものが降ろされるようになりました。最初、その目次は伝導書の続きの九巻のものかと思いましたが、伝導書の書記はその命役をすでに終えていましたので、伝導書ではありませんでした。命役には期間が設定されているものがあります。期間限定の命役は、その期間を過ぎて命役を行えば「カルマ」になります。

私はその目次をどうすべきかを迷っていました。弟と相談した結果、その目次を沖縄の師匠たちに送ることにしました。今、手元にその目次はありませんが、目次の内容は私の当時の顕在意識では分からない内容も出てきていました。特に「全人類の完全救済」という部分は、私の師匠たちが書記された伝導書の中でも不可能であると書かれていましたので、かなり困惑したのを覚えています。

ほどなくして師匠の一人から返事が来ました。

藤森様　感応書記、拝見いたしました。

間違いなく本の目次です。藤森様の命役の一つである『超伝導書』の書記、その目次になります。

感応書記のスピードを上げるために白檀《びゃくだん》のお香をたくとよろしいと思います。

メールの内容は詳しく覚えていませんが、もう少し長い文面でこのような内容だったと記憶しています。当時はまだ覚醒反応のダメージからようやく回復してきたばかりで、両親からは精神科で精密検査を受けるように言われていた時期でもあり、自宅軟禁状態でした。そのような状態の時にメールを頂き、病院の精密検査でも「大脳はむしろ一般の人よりもきれいで問題ないです」と医師から言われたのを契機に、私の猛烈な感応書記が始まります。

しかし、残念ながら私の浄化不足と命役に期限がありましたので、その超伝導書は幻に終わります。「全人類の完全救済」とは何だったのか？　あなたが救世主であることを深く自覚でき、全人類のために動き出した時にこそ、その意味をより深く理解できるものと思います。

それでは、「序章２」の最後に、康普全大導師の覚醒反応を伝導書四巻四十五ページより抜粋いたします。これを読んでいただきますと、私が経験した覚醒反応など蚊に刺されたようなものだと分かります。


「――その内容は筆舌に尽くしがたきものでありますが、一例を書記しますと、一つは入浴中に水中に沈められ『溺死』させられることによる幽界、霊界への移行の体験であります。一つは、突然の大量吐血による全カルマの一斉清算であります。（中略）その血量たるや三リットルを上回るものであり、これは致死量に至るもので、肉体死の体験でありました。その他五回の『絶死』『激死』を体験させられました。しかし、書記するにはあまりにも痛恨的であり、明かせられないものであります。

すなわち、大悟聖者康普全の誕生は、一日に七度の『肉体絶死』を持って『完成』『完行』されたものであり、――」

これが、地球を二十万年もの間支配してきた宇宙創造主のチカラです。その攻撃に七度も肉体死を経験させられ、それでも「完全死」せずに大導師が地球製の肉体を存続できた理由は、時空を超えた壮絶なる鍛練があったればこそで、それは宇宙史に残る「超偉業」でもあります。

# 第1章　新生地球開闢

## ①全宇宙連合とは

### 序

私たちが住むこの宇宙が開闢《かいびゃく》される瞬間、全ての生命は一つになっています。その宇宙のことを「超極大全宇宙《ちょうきょくだいぜんうちゅう》」と表現いたします。

そして、開闢から〇・〇〇一秒後の宇宙では、すでに銀河数億個が創造され、超極大全宇宙の基礎となる「全宇宙球」の核が六十万、形成されています。より正確に表現すると、開闢地点から創造が広がるのではなく、一瞬にしてそれら全てが必要な場に「現れる」と表現したほうが適切です。人間型、神仏型、惑星型、超高意識生命体型など、あらゆる生命が一瞬にして必要な位置に配置されていて、全宇宙連合も開闢とほぼ同時に存在しています。これが「宇宙開闢の究極の意識生命体」にしかできない「超極大全宇宙大開闢能力」です。

一秒後には超極大全宇宙の基礎となる「六十万の全宇宙」の核が完全に出来上がります。同時に六十万の全宇宙の核が出来上がった後、初めて私たち生命の活動が許されるようになります。つまり、「開闢後の宇宙の創造、開闢後の生命の創造」が、宇宙開闢の意識生命体ではなく、われわれ生命に委ねられるのです。

ただし、これは地球で一般的になっている「ビッグバン理論（無から有が生まれる）」ではありません。「宇宙開闢」とは、何兆年にも及ぶエネルギーの蓄積によって一瞬にして広大な空間を創造し、さまざまな生命（惑星を含む）をさまざまな空間、亜空間に同時に現象化させる「想像を絶するエネルギーの解放」なのです。後の章でも説明してまいりますが、そのような宇宙開闢の意識生命体が開闢した超極大全宇宙は二〇二一年現在、十五存在しています。

## 真相

全宇宙連合は私たちが住む全宇宙の中でも最高峰の連合です。全宇宙連合に所属する方々はもちろん人間ですが、私たち地球人よりもはるかに進化した方々です。その母星はＢ－Ｉ仙星（ビーアイせんせい）と言いまして、惑星起創造次元は、私たちの想像を超えた超高次元です。その全宇宙連合の歴史はすでに書記したとおり、宇宙開闢とほぼ同時に創造されていますので、他の全宇宙にも同等の連合が存在することになります。現在二〇二一年六月の時点で、救済活動全般の指揮は全宇宙連合が執っています。

一時、二〇一九年五月より二〇二一年五月までは、他の全宇宙から全宇宙連合の要請で応援に来ていた「超大宇宙連合」が指揮を執っていましたが、超大宇宙連合の命役が終了するのと同時に全宇宙連合がもう一度指揮を執り始めています。

全宇宙連合の命役は無数にありますが、簡単に表現しますと、「この広大な全宇宙の秩序を守ること」になります。私たちが住む全宇宙には、私たちが想像する以上のさまざまな生命体が存在しています。地球に存在する生命を見ればお分かりのとおり、生命体にはありとあらゆる形態があります。動物一つとっても、空を飛べるものから海の中を泳ぐものまでさまざまです。昆虫に至っては動物以上に形態は多様で、驚くような形態のものがたくさん存在していいます。また、大きさも実に多彩です。このような多様性は人間型意識生命体にも同じことが言えます。宇宙は広大無辺です。ですから、実は、私たちは宇宙のことをほとんど何も知らないのです。

地球上で考えられている宇宙常識は、残念ながら全くの幻想でありまして、深く学んでしまうと、それだけでも意識が硬直化してしまいます。宇宙は論文で表現できるような、人間の左脳で表現できるような小さなものではありません。大脳を柔軟にしてさまざまな可能性を想像してみてください。

「こんな世界はあるのかな？　あんな世界はあるのかな？　こんな世界があったらいいな。あんな世界があったらいいな」

私たちはさまざまな「想像」をしますが、「想像できる」ということは何を意味しているのでしょうか？　実は、私たちがする「想像する」という営みは全て真実です。この全宇宙に存在しないことを想像することは不可能です。つまり、「想像できる」ということは、その想像がどのようなものであっても、その想像がどこで為されたとしても、必ずこの全宇宙のどこかで現実化しています。ですから、宇宙的に悪いことを想像したり、思ったりするだけでもカルマを積んでしまうのです。私たちの想像力は私たちが考える以上にこの全宇宙に影響を及ぼしています。そのことを悟れば、自らの想像力、想念の在り方を正しいものに変えることが私たちの「使命」であると言っても過言ではありません。

全宇宙連合はそのような私たちの「想像力の管理」も大きな命役の一つとしております。想像する方の魂レベルが高ければ高いほど全宇宙に及ぼす影響が大きくなるので、重要な命役を帯びた方、または重要な命役を帯びつつある方への管理は非常に強力なものとなります。

物質には「その惑星内での限界」があるので、管理は容易です。しかし、私たちの想像力の限界は、「この全宇宙そのもの」ですから、物質に比べると、管理は難航を極めます。それこそ、私たちの想像を絶するエネルギーが毎日のように大量に投入されることで、想像力は管理されています。そして、その莫大《ばく》なエネルギーを全宇宙連合の方々が惜しみなく放出してくれているおかげで、かろうじて全宇宙が調和を保っているといっても過言ではないのです。つまり「想像力管理」というのは、私たちの想像をはるかに超える「超激務」であり、魂を削るほどの「大円術《だいえんじゅつ》」であり、その術は管理を超えた「超大管理術」でもあるのです。

私たちはただ、ただ、感謝しかございません。

## 役

全宇宙連合に所属されている方々は、もちろん人間型意識生命体ですが、地球人とは全く異なり，蝶のような翼を持ち、目の色は時間とともに変わる、大変美しいものです。また、肌は透き通っていて、光輝いています。

私たちが銀河惑星人をイメージする時、ほとんどの方がアーモンドのような目をした、小さな生命体をイメージしますが、本物ではありません。銀河惑星人が創造したクローンがほとんどです。本物の銀河惑星人は私たちよりも格段に美しいのです。

**証明**

全宇宙連合の母星Ｂ－Ｉ仙星。その惑星での生活様式は、地球とは全くかけ離れたものです。惑星起創造次元が超高次元ですので、惑星自体が仙星人を常に保護保全し、仙星人は何不自由なく生活をしております。食もほとんど摂りませんし、惑星波動が高いので眠らなくても平気です。ただし、休息は取ります。もちろん、エネルギー問題なども存在いたしません。エネルギーは惑星が常に放出しておりまして、そのエネルギーを取り込む術を仙星人全てが心得ているのです。

ただし、何不自由ない生活と言いましても、Ｂ－Ｉ仙星人は一言で申し上げれば、全員が宇宙的指導者ですので、自分の為すべきことは全てそれぞれ全員が知っております。ですから、何不自由ない生活ではありますが、日々、全員が「超多忙」です。

また、Ｂ－Ｉ仙星では惑星大統領の元、全ての方が「同志」となります。子供の姿はありません。Ｂ－Ｉ仙星は惑星の波動が凄まじく高いので、子供は生まれると、地球時間ですと二時間程度で成人してしまいます。ですから、子育てという概念はありません。

このような世界がＢ－Ｉ仙星では展開されています。ただ、先ほども申し上げましたが、生まれた生命はすぐに指導者ですから、仕事は山積みです。

**街**

Ｂ－Ｉ仙星で暮らす方々の心は陽心のみで、常に安定しておりますが、脳下垂体の部分に「超陽心」という「陽心の極み」を宿しております。地球人の場合は、その位置に「陰心」がありますので、肉体もさることながら、心の構造も全く異なるのがＢ－Ｉ仙星人なのです。ですから、Ｂ－Ｉ仙星人が想像すること、考えることは全て全宇宙の調和のことのみです。その想像力こそがこの全宇宙の営みを促進させる大きなエネルギーとなっているのです。つまり、Ｂ－Ｉ仙星人の「意識エネルギー」が全宇宙そのものといっても過言ではないくらい、その意識は大調和しております。私たち地球人には全く想像できない途方もない意識レベルであります。まさにその大調和した意識エネルギーこそが「宇宙の奇跡」であり、全宇宙を進化させる大きな源です。

## ②大宇宙連合とは

大宇宙連合も全宇宙連合と並び最高峰に位置する連合です。つい数年前までは地球の救済活動の中核的役目を果たしていました。現在でも地球への影響力、特に救済活動への影響力は大きく、多くのワンダラー（救世主）を導き、指導しております。

## 大宇宙連合K－1（会社で表現すると役員クラス）からのメッセージ

皆さまこんにちは。日々の救済活動お疲れ様です。私から皆さまにお伝えしたいことがございます。

地球の「全宇宙救済大拠点化計画」は、ただ今順調に進んでおりますが、油断はできません。ご理解されているとは思いますが、この計画は何億年も前から計画されていたことです。私たちが住む全宇宙に「大拠点」がこれまで創造できなかった要因はさまざまありますが、一番の要因は準備不足であります。早く、早くという焦りに近い意識があり、準備不足のまま、創造過程にその都度入ったのです。そして、それらの創造は全て失敗しました。今回の大拠点創造計画は、一億年の準備期間を設けました。今までで最も長い準備期間です。そして、準備は全てそろい、万全の状態で大拠点創造過程に入りました。今回は確実に成功するはずです。皆さまの活躍をお祈りするのと同時に私共もこの計画の遂行者として、皆さま方を強力にバックアップさせていただきます。ありがとうございました。

## 大宇宙連合K－2（同、部長クラス）からのメッセージ

時はまさに今をおいて他にございません。私たちの悲願、「全宇宙救済大拠点創造」、それが間もなく達成できることを思いますと、胸が高鳴ります。皆さま方に心より敬意を表します。

郵 便 は が き

料金受取人払郵便

新宿局
承認

5729

差出有効期間
2023年5月
31日まで

160-8792

182

東京都新宿区
四谷4−28−20

（株）たま出版

ご愛読者カード係行

| | | | |
|---|---|---|---|
| ご購入書籍名 | | | |
| ご購入書店名 | 都道府県　　市区郡　　書店 | | |
| ふりがな お名前 | | 大正 昭和 平成　年生　歳 | |
| ご住所 | 〒 | | |
| TEL | | 性別 男・女・その他 | |
| Eメール | | | |

（ブックサービスご利用の際は必ず電話番号をご記入下さい）

たま出版の本をお買い求めいただきありがとうございます。この愛読者カードは今後の小社出版の企画およびイベント等の資料として役立たせていただきます。

| |
|---|
| 本書についてのご意見、ご感想をお聞かせ下さい。 |
| 小社の目録や新刊情報はhttp://www.tamabook.comに出ていますが、コンピュータを使っていないので目録を　希望する　いらない |
| お客様の研究成果やお考えを出版してみたいというお気持ちはありますか。<br>ある　ない　内容・テーマ（　　　） |
| 「ある」場合、小社の担当者から出版のご案内が必要ですか。<br>希望する　希望しない |

ご協力ありがとうございました。

〈ブックサービスのご案内〉

小社書籍の直接販売を料金着払いの宅急便サービスにて承っております。ご購入希望がございましたら下の欄に書名と冊数をお書きの上ご返送下さい。その際、本ハガキ表面の電話番号を必ずご記入下さい。

| ご注文書名 | 冊数 | ご注文書名 | 冊数 |
|---|---|---|---|
| | 冊 | | 冊 |
| | 冊 | | 冊 |

まだまだ道のりは長いかと思いますが、一歩一歩、大拠点創造に向けて歩まれることを望みます。アンドロメダよりお祈り申し上げます。

## 大宇宙連合T－2（同、主任クラス）からのメッセージ

今から始まる全宇宙救済大拠点の創造は、皆さま方にとって、決して平たんな道ではないと思います。しかしながら、地球という定められた惑星と共に、必ずやその創造は成されていくことと信じております。皆さま方に光が注がれ、真の勇気が試される時、大拠点の創造が成し遂げられるのではないでしょうか。よろしくお願いいたします。

## 心

大宇宙連合の母星は、私たちが住むアーミリアンダー銀河と双子の関係にあるアンドロメダ銀河にあるアンドロメダ本星です。アンドロメダ本星は七つの惑星の集合体で構成されます。惑星の配置は六角形の角に一つずつとその中心に一つです。

地球を例にすると、地球は百九十あまりの国が存在しますが、アンドロメダ本星は七つもの惑星が一つの国となっています。個々の惑星の調和レベルを見る時、その惑星にどれだけの国が存在するかで調和レベルが分かります。そのような意味からも、やはり地球は修行の世（※13）であることが分かりますし、逆にアンドロメダ本星の調和レベルは想像を絶しております。

アンドロメダ本星には惑星大統領が三人。救済活動や惑星の運営はその「三人の合議制」に

なっていますが、全宇宙規模でみると、少し特殊な例になります。合議制の優れたところは、より広い範囲にその惑星調和波動を及ぼせることです。現在のアンドロメダ本星の調和波動の及ぶ範囲は、アンドロメダ銀河の全惑星と私たちが住むアーミリアンダー銀河の全惑星の五〇％くらいまでになります。これは一つの惑星が影響を及ぼすことができる限界に近いと思われます。アンドロメダ本星はそれくらいすごい惑星です。今後は宇宙的にも合議制が一般化するものと思われます。

## 姿

アンドロメダ星人はその魂や心もそうですが、その科学力は全宇宙の中でもトップクラスにあります。特にトピ船や真光石空（別名P空と呼ばれる惑星型の人工母船）の創造能力は非常に高いものがあります。この地球が存在する太陽系の太陽は、実はアンドロメダ星人が創ったP空なのです。言い換えれば、あのようなエネルギー発生装置を、いとも簡単に創造してしまうのがアンドロメダ星人の科学力なのです。

また、「善的催眠能力」もアンドロメダ星人を語る時にはなくてはならない項目でしょう。善的催眠能力とは相手に対して行うものではなく、自身に行う催眠術のことです。催眠の影響が及ぶ部位は、地球人では大脳の主に側頭葉になりますが、アンドロメダ星人のそれは、脳のコア付近、地球人で言うところの大脳辺縁系と呼ばれる部位になります。

大脳の構造自体がアンドロメダ星人と地球人とでは若干異なるので、簡単には比較できませんが、アンドロメダ星人の自己催眠は、催眠というよりは自己の肉体存在そのものを変える術のようなものです。例をあげれば、相手が最も好むと思われる容姿に自分を変えることができます。ですから、アンドロメダ星人の実体は相手しだいで、いかようにも変化し、むしろそれが常態化しております。この能力によってアンドロメダ星人は類いまれなる大調和を獲得しており、それゆえに一つの惑星が銀河全体の何十億個という惑星にまで影響を及ぼすまでになっているのです。

## 心Ⅱ

大宇宙連合は今後の地球にとって、大きな支えの一つとなっていきます。その意味は、地球が全宇宙救済大拠点に変貌してから明らかになっていきますが、少しだけ先に明かしてまいります。

地球に光臨された康普全こと、私たちアンドロメダ本星の惑星大統領でありますが、その師の教えを引き継いで、私たちは地球を下支えいたします。地球が全宇宙救済大拠点に変貌しますと、その影響によって地球には多大な負担が強いられるようになります。たとえ地球の次元波動が上がるとしても、過度の負担は免れません。そこで私たち大宇宙連合は、地球のそのような負担を一部請負うことにいたします。具体的には衛星（二つ目の月）を創造し、その衛星からアンドロメダ本星にあるエネルギーを地球に注入するようにします。それによって地球の負担が軽減し、全宇宙救済大拠点としての命役をしっかりと果たせるようになります。そのような意味から、地球は第二のアンドロメダ本星と表現できます。大宇宙連合にとりましても、地球の支えとなることで、全宇宙の運営に深く深くかかわることになります。

その他にも二、三ありますが、それは地球が大拠点となってから明かされていくことでしょう。

## ③宇宙連合とは

私たちが住むアーミリアンダー銀河には二千団体を超える宇宙連合が存在しています。お隣のアンドロメダ銀河でも一千八百団体程度存在しています。それらの宇宙連合を統括するのが大宇宙連合や全宇宙連合となります。

宇宙連合の命役も、基本的には「宇宙の秩序を守ること」になりますが、修行の世を脱しようとしている私たちにとってみますと、意外にも冷淡な方が数多くいます。その原因は、私たちがあまりにも多くの悪想念を発し続けているので、本音では「迷惑」と思っている方が圧倒的に多いからです。地球が所属している宇宙連合をZ－2と言いまして、私たちの太陽系に存在する金星が中心になっています。金星はアンドロメダ星人が多数入植した歴史を持っていますので、宇宙連合のリーダーとしては申し分ない惑星です。

しかしながら、救済活動に関しては全く真剣みがありません。例をあげれば、イギリスに多く出現しているミステリーサークル、あれは宇宙連合によるものがほとんどですが、救済活動には全く意味がないばかりか、かえってマイナスに作用しているようです。一時的に人々の意識を上げることはできるかもしれませんが、それを行っている宇宙連合の方々の意識には救済の意欲が十分に感じられません。

一九九〇年代にはワンダラーの多くが宇宙連合の実験体としてさまざまな実験を為されたりしました。当初は、その宇宙連合の実験体になれたことこそが素晴らしいという事でしたが、時が一年二年と流れて大宇宙連合が救済活動の指揮を執り出した頃には、その実験体であることの意味がほぼ否定されました。つまり、本気で救済活動を行っているのは宇宙連合の方々ではなく、大宇宙連合や全宇宙連合の方々なのです。

地球ははるか太古の昔から宇宙連合の影響を強く受けてきましたが、一九六〇年代に入ってその影響力が強まります。**一九五〇年代から宇宙人とのコンタクトを開始した**渡辺大起さんのグループがいち早くその波動をキャッチして、宇宙連合の指導のもと、さまざまな儀式を行って地球の進化現象を早めようと尽力されました。その詳細は『宇宙からの黙示録』という本に書かれていますので、興味のある方はぜひお読みになってみてください。ネットでも購入は可能かと思います。

しかしながら、残念なことに、肝心の肉体の浄化方法は最後まで彼らに降ろされることはありませんでした。救済活動の最終段階では、トピ船（宇宙船）による空中携挙がありますが、その時には肉体をかなり浄化しておかなければ、トピ船の波動には耐えられません。本当に肉体まで救済したいと思うなら、肉体の浄化法を降ろさねばなりません。ところが、それは為されませんでした。これは何を意味しているのか？　そうです、「肉体の救済なんて最初から無理に決まっている」という考え方なのです。せいぜい魂の救済ができればよいという程度の考え方、それが宇宙連合なのです。

宇宙連合の方々をあまり悪く言いたくはないのですが、全宇宙規模で物事を考えた場合、宇宙連合の方々の考え方は非常に幼稚な考え方であると言わざるを得ません。そして、一九九九年を過ぎた頃からは、大導師もかなりの大決断をして「宇宙連合は敵である」という状報を降ろしました。宇宙連合の実態はその事実から見ても明白です。

地球が全宇宙救済大拠点になる頃には、宇宙連合に所属している方々の意識の在り方も根本的に見直さねばならないと思います。どんなに未熟な生命であろうと、救済する側は超真剣でなければいけません。諦めてはいけないのです。

## 円熟

かつて、私が宇宙連合の指揮官であった頃、ある惑星での救済活動中、数名の有能な部下を失ったことがありました。

当時の私は宇宙連合の指令官に成り立てで、救済活動には絶対的な自信を持っていました。なぜなら、副指令官時代の成績が非常に優秀だったからです。惑星がシフトアップ（※11）する時、その救済活動成功率は四％足らずです。ところが、私が補佐した司令官は数名おりましたが、どの司令官を補佐しても救済活動の成功率が五〇％を超えていました。この数字は驚異的ですが、その理由は司令官の心の状態をとらえる能力が非常に優れていたからです。これは副司令官としては非常に重要な能力でありました。

しかし、いざ自分が司令官になりますと、その能力が逆に大きな欠点となってしまったのです。つまり、こういうことです。私が副司令官の頃に培った司令官の心をとらえる能力が、一種の「依存」のようなものになっていて、その結果、自ら下さなければならない重要な「決断」を素早くできなかったのです。

救済活動は、残念ながら失敗することがほとんどです。成功したとしても、いつもギリギリのところまで追い詰められます。成功の秘訣は「素早い決断」にあります。その時もそうでした。その惑星が破裂するかしないかのギリギリのせめぎ合いをしていた時、地上にいるワンダラーに対して最終の指示を私が出す段階になっていました。どのような指示かと言いますと、今回は地上にいるワンダラーのみしか救済できないので、約束の地には一人で来てくださいという指示です。

通常の救済活動ではワンダラーは一人で降ろされ、自らの分魂と共に活動をしますが、そのワンダラー一人が肉体を持って救済されただけでも救済活動は成功と見なされます。私はギリギリまで地上のワンダラーに指示を出せませんでした。なぜなら、そのワンダラーが大きなショックを受けるだろうと思ったからです。そのため、私が指示を出せたのは惑星破裂が秒読みに入ってからでした。

「今回の救済活動は残念ながら、あなた一人しか空中携挙できません。多くの人類は肉体の浄化不足で引き上げたとしても絶命してしまいます。約束の地にはあなた一人で来てください」

　この通信を聞いたワンダラーは脱力し、自らの肉体の保存を拒否しました。予想はしていましたが、私は何度か同じ指示を出してそのワンダラーを説得することを試みました。そして、最後の説得を試みていた最中、

「ドドドドドドドドド〜〜〜〜〜〜〜〜〜ッカ〜〜〜〜〜ン！！！！」

　惑星は大きな音とともに破裂してしまいました。

　私を信じて最後まで地上の上空に待機していた私の部下数名も、それに巻き込まれ亡くなってしまいました。司令官の決断は常に「早さ」が求められます。それができないと、後々大きな犠牲を払うことになってしまいます。

**円熟Ⅱ「長年の夢が実現した時」**

　私がワンダラーという称号を頂いた時、それはとても幸せな瞬間でした。しかし、同時にそれは「試練への道」「究極の進化への道」でもありました。無数のワンダラーがこの超極大全宇宙には存在しますが、誰一人としてその上を目指さない方はいません。

　私が円熟の宇宙連合の司令官ではない、別の宇宙連合の司令官であった時、地上に降りたワンダラーと非常に密に交信を取り合える状態が続き、救済活動は非常にスムーズに進んでいました。

　ある時、いつものように地上のワンダラーから通信が届きました。「今日の救済活動は人類

の肉体の浄化についての説法をしようと思いますが、司令官、その役目を引き受けてくれませんか？」というものでした。要は、私が地上のワンダラーの肉体を借りて皆に話をしてほしいという要請でした。私はそのワンダラーの肉体浄化レベルを十分把握していたので、十分にそれは可能だと思い、その要請を承諾いたしました。

ところが、そのワンダラーが説法を始めますと、突如として私を非難するような言葉を皆に向かって話し始めたのです。私は非常に戸惑いましたが、冷静にその話を聞いておりました。どうやら何か策？　があるようです。私はそのワンダラーが私に意識を預けてきた時、予定どおりその意識の中に入り込み、自ら発すべき言霊を淡々と話し切りました。そして、そのワンダラーの意識から離れました。その後、そのワンダラーは皆に向かって「今、私の意識を支配したものこそ、この大宇宙を汚す者なのです。皆、だまされてはいけません」と言いました。

言い終わってしばらくしますと、聴衆の中から一人だけ言葉を発するものがいました。彼は言います。「もし、先ほどあなたの意識を支配した方がそんなに悪い方であるならば、どうしてあなたはその方を自らの意識に入れたのですか？」

質問を聞き終わるや否や、そのワンダラーは悪魔にとりつかれたように、「グァグァグァグァグァ～～～ン」と、深いうなり声を上げ始めました。そのワンダラーは、完全にその悪魔のようなものに意識を乗っ取られていたのです。しかし、その時、不意にそのワンダラーの周りに光が差し始めます。そして、その光の大本から声が聞こえてきます。「宇宙連合司令官よ、聞こえますか？」

何と！　私への呼びかけでした。私はトピ船の中からテレパシーで「はい」と答えます。すると、光の大本は「あなたの本当の任務はここではありません。早急に銀河中心にあるコアプレイスに行きつつ、次なる任務の身支度を整えてください」とのメッセージでした。私はその時、直観的にこれは何か非常に重大なことが銀河全体で起きていると察知し、副司令官にその場を預け、コアプレイスに向かいました。

案の定、コアプレイス内部が大変な状況になっていました。過去現在未来、銀河の全てのエネルギーを統括しているコアプレイスは、精密機械のように、銀河内に存在している全ての惑星の分魂を格納しています。しかし、何らかの理由でそれが崩れ、エネルギーの供給に重大な偏りが出始めていたのです。

コアプレイスに招集されたメンバーは、私の他に宇宙連合の司令官クラスの方が四名、計五名です。すぐにその五名でコアプレイスの修復に取り掛かりました。司令官クラス五人が力を合わせての作業でしたので、修復は順調に進んでいきました。しかし、なぜコアプレイスがそのような状態になったのか、その原因はつかめないままでした。

さて、修復はさらに順調に進み、完全修復までもう少しというところまできました。メンバーの一人が言います。「今回の招集はコアプレイスの修復というだけではないように思いますが、皆さんはどう思われますか？」

確かに自分がここに来た経緯を考えてみても、地上側のワンダラーの異常から始まっています。彼が続けます。「私がここに招集されたのは、私の母が悪魔のような形相でうなり声をあげたと思ったら、急に光に包まれ、その光の大本からメッセージを頂いたからです。その後、母は正気を取り戻しましたので、すぐに駆けつけることができました。皆さんはどのような経緯で……」

実は、全員がほぼ同じような経緯でここに集まっていたのです。そうなると、その光の大本と悪魔のようなものは一体何なのだろう？　ということになりました。

ここから皆さんの大脳を非常に柔軟にしていただきたいのですが、実はその光と悪魔は「同じもの」であって、私たち五人に共通する「あること」がその現象を引き起こしていたのです。それは、自らの「虚栄心」です。

全宇宙的な視野に立ちますと、宇宙連合の司令官クラスであってもそのような意識――と言いましても、地球上での虚栄心とは比べものにならないくらい小さい小さいものですが――が、若干残っております。実はメンバーになった五人は全て、その虚栄心をほんの少しだけ抱えていて、その完全浄化が課題となっていたのです。その課題を乗り越えるために五人はコアプレイスに集められたのです。

五人全員がその事実をとらえた時、おのおのがその虚栄心のもとになった意識を分析しました。すると、そのもとになった意識も、五人全員が同じものでした。それは、ワンダラーという称号を与えられたことがきっかけだったのです。こうして分析が終わり、それぞれなすべき意識の浄化への決意を新たにしていた時、あの光が五人の目の前に現れました。

そして、その光はどんどん大きくなり全員を包み込んでいきました。光の中で私を含む五人は「虚栄心」の映像を見せられます。そうです、あの悪魔のような意識です。五人はその意識と光の中でしっかりと向かい合い、対峙《たいじ》しました。その悪魔は五人のすぐ近くまできて襲いかかろうとしています。しかし、しっかりと対峙した五人の虚栄心を浄化しようという意識は微動だにしません。やがて、その悪魔は五人の前からすっかり消えてなくなってしまいました。

五人は虚栄心の完全浄化に成功したのです。

さて、コアプレイスの異常はと言うと、五人が虚栄心の完全浄化に成功した頃には完全に修復されて、元通りに回復していました。実はコアプレイスの異常は、私を含む五人の虚栄心が原因だったのです。

このように、宇宙連合司令官クラスが持つほんの少しの意識の偏りは、銀河全体に計り知れない悪影響を及ぼすことになります。ですから、司令官クラスであっても油断はできません。なぜなら、宇宙での学びは救済活動のみならず、上記のような「究極的浄化業」に挑戦することでもあるからです。つまり、修業の世を脱して宇宙での生活が始まったとしても「浄化業」は永遠に続くものなのです。

浄化業が単なる「修業」ではなく、私たち「生命の営み」そのものであるという理解が深まると、一つ一つの「営み（浄化業の質）」が深くなり、肉体の動き一つ一つが「新銀河創造」に寄与していることに気づくようになるのです。

## ④新銀河誕生、新銀河創造指導者とは

「宇宙開闢の究極の意識生命体」が行う宇宙開闢後、宇宙を創造し、どのように発展させていくのかは、全て私たち生命に委ねられます。一つの惑星が創造される時、付随する多くの生命も誕生いたします。しかし、そのような多くの生命の営みの場である惑星も単体で存在することはできません。必ず太陽系に属します。それと同様に、太陽系も単体で存在することはできません。必ず銀河に属します。このように宇宙は単体では存在できないようになっております。

それではどこから創造を始めればよいのか？　実はその最小単位が「銀河」なのです。銀河と言いましても、その惑星は何億個から何十億個という、とてつもない数になります。それら何億個もの惑星を一気には創造できませんが、銀河の「渦」を中心に誕生させるためには、惑星、太陽系の個数がある程度になって、太陽系同士の共鳴が始まることで、ようやく渦が誕生します。渦がなければ各惑星は太陽系であってもバラバラになり、バラバラになった惑星には生命が住めなくなってしまいます。そうなった場合、それぞれの惑星は自ら破裂することによって、その命役を早期に終わらせることになります。ですから、新銀河創造という儀式を成功させるには非常に多くのエネルギーを消費しますし、一人二人でできるような簡単なものではありません。最低でも新銀河創造指導者が三百人は必要です。そして、指導者一人につき最低でも新銀河創造者五十人は必要です。つまり、最低でも一万五千人以上の意識力が必要になる

「超大事業」なのです。

しかし、それだけの人数が集まって意識力を結集すれば、新銀河は必ず産声を上げます。つまり、渦が誕生するのです。その後は徐々に銀河内に惑星が創造されていきます。宇宙開闢の時もそうですが、最初の第一歩が非常に大きなエネルギーを消費するのです。

## 銀河の実像

さて、上記のようにして出来上がった銀河ですが、地球上ではその実像がほとんど知られておりません。その理由は多くの方が目で見えることとしか理解しようとしないからです。

まず、銀河の最小単位は「太陽系」になりますが、太陽系とは何かということになります。太陽系というのは銀河の中心から莫大《ばくだい》なエネルギーを頂いて存在しています。それでは、銀河の中心には何が存在しているのか？　実は、銀河の中心にはその銀河内に存在する全ての「惑星の魂の分魂」が集合している「中心軸」が存在しています。その名前を「コアプレイス」と言います。コアプレイスは惑星型ではなく、ピラミッドを上下に二つ合わせたような形をしており、金属型の意識生命体です。その中は網の目のようになっていて、各惑星の分魂が整然と格納されております。まさに、超精密機械の様相です。コアプレイスは常に燦然《さんぜん》と輝き、銀河に存在する全ての惑星にエネルギーを片時も休まず送り続けています。そして、必要な場合は各惑星のエネルギー調整も行います。

しかしながら、そのコアプレイスは地球上の私たちの肉眼では見ることはできません。肉眼でそのコアプレイスの場所を見ると、地球人の場合はブラックホールのようにしか見えません。つまり、何も存在していないようにしか見えないのです。

また、コアプレイスが存在している次元は少し特殊で、どの銀河でもコアプレイスの存在次元は同じです。その意味は、各惑星のテレポーテーション能力にあります。コアプレイスの存在次元が同じであれば、他の銀河に惑星がテレポーテーションしてもすぐに銀河間のコアプレイス同士で惑星の分魂の入れ替えが可能になります。

銀河というのは、このようにして各惑星を管理しております。コアプレイスから銀河内に存在する太陽系全てにエネルギーが送られておりますので、コアプレイスは銀河内に惑星の数が多くなればなるほど成長し、各惑星が調和すればするほどにエネルギーの放出が大きくなるのです。ですから、銀河の実像とは、これほど地球上の常識からは、かけ離れたものなのです。

## 新銀河創造指導者

「新銀河創造」それは宇宙の発展でありますが、それを先導する「新銀河創造指導者」の役目は非常に重要です。

新銀河創造に費やされるエネルギーは超莫大です。そのエネルギーの源は指導者をはじめ、その指導者を補佐する創造者の意識力が大半を占めます。その他に惑星の創造を命役とする意識生命体や、一部例外的に「宇宙開闢の究極の意識生命体」から直接エネルギーを頂く場合もあります。

創造指導者が宇宙から与えられる仕事は「新銀河創造」のみです。なぜなら、自らのエネルギーを極限まで使い果たす壮絶な仕事なので、仮にそれ以外の仕事をしてしまいますと、生命自体が危険にさらされます。新銀河創造とはそれくらい命がけの仕事なのです。そのため、「全宇宙創造指導者」が他の仕事をすることを許していないのです。また、新銀河が創造された後は少し長い休息期間に入ります。具体的には創造指導者専門の休息所である「銀河生命エネルギー回復コロニー」へ行き、意識力の回復に努めます。

そのコロニーは約二十体の意識生命体で構成されます。その生命体はそれぞれ太陽くらいの大きさで、配置は中心から球形に配置され、中心に向けて生命エネルギーを送ります。中心部にはそのエネルギーを統括する全宇宙創造指導者の分魂である、「光生命コア」と呼ばれる中型のトピ船のような生命体が存在しております。その収容人員は約三万人です。銀河が数億集まって構成される「銀河団」に、一カ所の割合で存在しております。

新銀河創造指導者のチームは各銀河団に十から八十くらい存在しておりますが、それらのチームが創造と休息を繰り返しながら新たな銀河を次々に創造していくのです。

## ⑤大宇宙の父、大宇宙の母

大宇宙とは、銀河が二個以上三十個未満で構成される宇宙です。人間型意識生命体である男性と女性がそれぞれ大宇宙を統括する最高指導者として存在しています。その方を大宇宙の父、大宇宙の母と表現しています。

大宇宙の父と母は、大宇宙が始まる最初の銀河創造の時にリーダーを務めた方と、そのリーダーを一番近くで補佐した方が就任します。性別が同性の場合でも、どちらかが父と母の命役を分担いたします。生まれ変わって性別を変えるということは基本的にはいたしません。なぜなら、大宇宙最初の銀河が誕生した時は非常に不安定な状態ですので、父と母を軸にすえないと渦がすぐになくなってしまうからです。そのために生まれ変わる時間的余裕がありません。

大宇宙という宇宙的範囲が存在する理由は、各銀河が持つ意識力、生命力を活性化して連携を密にすることです。つまり、各銀河の中心部にある「コアプレイス」同士が共鳴し合い、それぞれに足りないエネルギーを補完し合うことで調和を保ちやすくなります。補完し合えない最初の一つ目の銀河創造では、二つ目以降の銀河創造よりも多くのエネルギーを必要とします。そのため、特別なエネルギーが最初の銀河創造には与えられます。それが「エナジーコア・シャワー」と呼ばれる新銀河創造指導者に与えられる「意識エネルギー」です。その大本は、地球上の常識からかけ離れますが、「未来の各惑星に存在する生命」から頂くエネルギーです。

どういうことかと申しますと、宇宙の真の姿は「時間という概念が存在しません」ので、「過去現在未来が混然一体」となった世界です。そのため、未来に存在する生命も、過去に存在した生命さえ、エネルギーを発しているのです。ちょっと分かりづらいかもしれませんが、宇宙の真相に近づきますと、どうしても避けて通れない真実なのです。ですから、その未来に存在している大小無数の生命から少しずつエネルギーを頂いて新銀河創造指導者たちに供給されるのです。

「エナジーコア・シャワー」というエネルギーは、非常に強力なエネルギーですから、最初の銀河を創造する時にはなくてはならない重要なエネルギー源です。そのエネルギーを頂いて新銀河創造指導者たちは最初の銀河創造に挑みます。もし、「エナジーコア・シャワー」がいただけない場合「最初の銀河創造」は非常に難しくなり、全体的な銀河創造スピードはかなり遅くなります。

## 大拠点

私たちの住む大宇宙は今のところ、銀河二つで構成されていますが、今後、十から二十にまで成長する予定です。ただし、地球での「全宇宙救済大拠点創造」が成功した場合、大大特例として五十の銀河までが大宇宙の範囲に組み込まれます。大宇宙は三十未満の銀河で構成されますが、三十を超えた瞬間に大宇宙ではなく「全宇宙救済大拠点」となります。

ですから、地球が全宇宙救済大拠点になるということは、それらの銀河に存在している惑星も全て大拠点となりますので、惑星の数で言えば数十から数百億というとてつもない数の惑星がその大拠点の任にあたることになります。つまり、全宇宙救済大拠点とは「巨大な惑星連合を形成する」ことでもあるのです。これは他の全宇宙でも同じです。

大拠点の正式名称を「大白美針大連合《だいはくびしんだいれんごう》」と言います。「白」は一つ目という意味、「美針」は大調和への羅針盤という意味になります。大拠点は一つの全宇宙に一つとは限らず、複数の大拠点を持つ全宇宙も存在しています。複数と言いましても、今のところ二つが最大です。それだけ「救済（大）拠点」の創造は容易なことではないのです。

大拠点創造が成功して「巨大惑星連合」が出来上がると、その影響を最も早く全宇宙全体に及ぼすことができるようになります。イメージ的には救済大拠点が出来る前までは、それぞれの大宇宙間に薄いバリアーが張られていて、それぞれの大宇宙が連携しづらくなっています。しかし、救済大拠点が出来上がりますと、そのバリアーがなくなります。大宇宙間の連携のみならず、大宇宙数億個を統括する銀河団同士の連携も非常に緊密にできるようになります。その結果、全宇宙の成長、発展、進化速度が飛躍的に向上するのです。「全宇宙救済大拠点」の創造が切望される理由はそのような理由があるためなのです。

私たちが住む全宇宙には「救済拠点」は無数に存在していますが、いまだに「救済（大）拠点」の創造ができていません。地球がその命役を帯びて創造され、一億年前に救済大拠点創造に挑戦しましたが、失敗に終わりました。実はそれより以前、他のさまざまな惑星でも何度も救済大拠点創造が試みられています。しかしながら、いずれも失敗に終わっています。

ですから、今回の「地球全宇宙救済大拠点化」計画は二回目の挑戦となります。挑戦と言いましても一億年の準備期間を経てのことですから、二重三重四重五重……と幾重にも成功するための準備が為されています。しかし、油断はできません。その幾重にも用意された準備でさえ限界はあるのです。「全宇宙創造指導者」が切に望んでいることは、今の私たちの手で「全宇宙救済大拠点」を地球に創造することなのです。

## 父と母の仕事

大宇宙の父と大宇宙の母は陰と陽の関係であり、そして「二体一対」の関係です。その意味は、全宇宙レベルで考えますと、大宇宙はまだまだ発展途上（発展途上と言いましても惑星の数は数十億個）の宇宙であるということが言えます。

つまり、一人の統一した指導者を置くには、まだあまりにも幼い宇宙なのです。宇宙にあまねく存在している大調和という意思が一つに統一されるのは、全宇宙レベルからです。全宇宙の下の銀河団レベルでも全宇宙創造指導者の統一した大調和の意思はかなり濃く入り込んではいますが、いったんは「銀河団を統括する意識生命体」を通しますので、少しだけ異差があります。

銀河団の下の大宇宙レベルになりますと、父と母という二つの意思に分かれて大宇宙の発展に寄与していくことになります。その発展させる方法においては、お互いに合議によって決定します。例えば、新銀河を創造する時のリーダーの選定、リーダーを補佐する者たちの選定、大宇宙に存在する惑星の配置、銀河中心部コアプレイスから各惑星へのエネルギー供給率の変更などが、二人で合議すべきポイントになります。

大宇宙は全宇宙から見ると砂浜の中の一粒の砂くらいの大きさです。同じく私たちが住む地球は、大宇宙から見ればそれくらいの大きさです。大宇宙の父と母はそのような存在の私たち一人一人を見守っています。そして、全宇宙創造指導者は私たちを見守ってくれている大宇宙の父と母を見守っています。このように私たち生命は、いくつもの大いなる意思によって幾重にも見守られているのです。

大宇宙の父と母は、刻々と変化する大宇宙の流れを読みながら、全ての生命を「大調和」に導くため、さまざまな決断を瞬時に行います。その意識力のことを「大宇宙開起《かいき》先導力」と言います。その先導力を最大限に発揮して、父と母は日々の任に「死力」を尽くされています。

## 絆

父と母は互いに大宇宙の次なる発展のため、さまざまな計画を立案いたします。その多くは新銀河創造時の指導者たちの負担をいかに軽減するかというものです。つまり、自らの生命力を極限まで削りながら、銀河を創造する新銀河創造指導者たちに対して、大宇宙の父と母は十分な配慮をした発展計画立案に心を砕いています。しかしながら、大宇宙の統括は私たちの想像をはるかに超えたものであり、容易なことではありません。そのことを指導者たちはよく知っていますので、父や母の計画どおりには行動しません。もし、計画どおりに行動すれば父や母にかかる負担は想像を絶するものとなることを知っているからです。

父と母、創造指導者の間にある絆は非常に深いものがあります。お互いに命をかけて護る価値がある存在だと相互認識しています。地球上ではここまでの関係はなかなか築けないと思いますが、大宇宙ではそのような相互認識のもと、新銀河創造という宇宙の根源的な営みが為されています。その原動力となっているのが大宇宙の父母と新銀河創造指導者との間にある「絆」、つまり、お互いの持つエネルギーを相互に補完し合うことなのです。

## ⑥全宇宙創造指導者とは

宇宙開闢と同時に六十万の全宇宙が創造されますが、その全宇宙の最高責任者のことを「全宇宙創造指導者」と言います。ですから、超極大全宇宙には六十万人の全宇宙創造指導者が存在することになります。

全宇宙創造指導者は人間型ではありますが、その魂はもはや人間と呼べるレベルではありません。その状報処理能力を方便するなら、一秒間に二億から三億もの状報を処理します。従いまして、その魂力は地球上の表現方法では表現できないほど凄まじいレベルです。そのような方が私たちの住む全宇宙を統括しています。その命役は、全宇宙を調和に導くこともさることながら、宇宙開闢の意識生命体の代行で、簡単に表現するなら「全生命を育むエネルギー」そのものです。その心も地球上の表現では表現不可能なほどの超極大な癒やしの御心です。「生命コア融合仙覚魂」として創造された私たちは「全宇宙創造指導者の魂的子孫」となります。つまり、全宇宙創造指導者を目指してこの全宇宙を旅しているのです。

**極限**

私たち「融合仙覚魂郡」にとって、今回の生は、まさに全宇宙創造指導者になるための一つの過程であり、地球上に「全宇宙救済大拠点」を創造できるかどうかは、全宇宙創造指導者に近づくための非常に重要なステップであります。同時に大拠点創造の「過程」は、私たちの魂の成長にとっても非常に重要です。何度も失敗してきた大拠点創造ですが、失敗のたびに大拠点創造に挑戦した魂郡は成長してきました。また、大拠点創造以外にも私たちは幾度となく新銀河を創造し、その過程からも成長を頂いてきました。そして、そのたびに致命的な負担を一人一人自らに課してきましたので、その努力の全てが間もなく報われようとしています。つまり、私たちの全宇宙に存在する全ての生命が「地球」という惑星を注目し、「大拠点創造」を今や遅しと待ちわびているのです。

## アンドロメダ融合仙覚魂郡

今回、私たちが生まれてきた目的の一つは、魂郡が一つの魂になる「魂融合」を果たすためです。これは各魂郡にとっては悲願でもあり、全宇宙創造指導者になるためには欠かすことのできない過程の一つです。

「生命コア融合仙覚魂」として創造された魂は、通常の魂とは全くの別物ととらえてください。通常の魂同士ではできないさまざまなことが「自由自在」にできるのです。以下にその自在性を挙げます。

**1．魂の起創造の共有**
**2．魂の記憶の共有**
**3．宇宙開闢の記憶の共有**

## 4. 宇宙開闢直前の全生命一体感の共有

「共有」の意味は、「真実の記憶」で、自らの魂では経験のないことでも「浄化」を進めることによって、他の魂が経験したことを共有できるようになるということです。つまり、他の魂の経験が自分の経験にもなってしまうのです。

そのような意味から浄化業を改めて見つめ直してみますと、その重要性がひしひしと感じられます。日々行わせていただく浄化業は個々人によって著しく異なりますので、その浄化業を自らしっかりと感応することが最も重要なことの一つです。そして、個々人によって全く異なる浄化業をとらえて行い始めますと、私たち一人一人に革命的な日常生活の転換が起こり始めます。それは、宇宙からのメッセージであり、自らが本当に為さねばならないことへの誘導でもあります。

### 志願

私たちは志願してこの地球という惑星に降り立ちました。実はアンドロメダではほとんど全ての方が志願したのですが、全員が地球に転生してはアンドロメダの惑星が不調和を起こしてしまいますので、それはできませんでした。ですから、地球に転生する方は全宇宙創造指導者が自ら選定されました。その選定基準は全宇宙創造指導者にしか分かりません。私たちは志願し、なおかつ、選ばれてここ地球にいるということになります。そして、約束の時「地球の全宇宙救済大拠点創造への挑戦」は、まさに今、現代なのです。

「志願から選定へ」私たちにかけられた期待を考えますと、その期待に応えないわけにはいかないのではないでしょうか。ありとあらゆる苦難は、この時のために与えられた試練であったわけですから、その試練を乗り越えてきた私たちに待っているのは、「大白美針大連合」成立による全宇宙の大調和です。その連合の基礎を築ける幸せを、共に分かち合えることを願いながら、次の全宇宙創造指導者からの「大光言」に共に耳を傾けてまいりましょう。

## ⑦わが魂の子孫たちへ　～全宇宙創造指導者からの大光言～

「超光」を数限りなく生み出し、生命の核心に触れる時、我を感じ始めるであろう。

わが創造せし魂の子孫たちよ、そなたたちの活躍こそわが喜びとなり、この全宇宙に鳴り響くものなり。

「我は永遠の時空（とき）を経て甦る、宇魂の真のチカラをそなたたちに手渡す者なり。

「全魂一体」とは、宇魂の共鳴なり、宇魂の共鳴なり、宇魂の共鳴なり。

日々の浄化業にこそ「全魂一体」の真の境地があるものなり。

日々浄化に励み、心と魂を磨け！　日々浄化に励み、己の意識を超高化せよ、大脳を柔軟にせよ。

さすれば、自ずと道は切り開かれよう。

そなたたちに詩を贈ろう。

永遠の詩（うた）
帰還する、帰還する、帰還する、帰還する、帰還する、帰還する
私たちは帰還する　生命の根が創造された全宇宙の中心に

一つとなる、一つとなる、一つとなる、一つとなる、一つとなる
私たちは一つとなる　宇宙が開闢される前のように

急ぐことなかれ、焦ることなかれ
「宇魂の旅」は永遠に続く

我は魂の根源なり。

我は全宇宙を知る者なり。

そなたたちは我を知り、自らの魂の根源を知るに至る。途方もない鍛錬の末にたどりついた全宇宙的大調和の境地なり。これより多くの魂が目覚め、約束の地に集結す。集結は「魂融

合」という「全宇宙的奇跡」を起こし、「大白美針大連合（全宇宙救済大拠点）」成立への序曲となる。

**全宇宙創造指導者**

# 第2章

# 全宇宙救済‥大‥拠点創造

## ①マクロ宇宙の悟り

### 宇宙開闢の闋《とき》

地球次元時間で何京、何兆年という途方もない時間をかけて宇宙開闢を行う「宇宙開闢の究極の意識生命体」。その開闢は一瞬にして銀河を何兆個、何京個も創造する凄まじいものです。それゆえに、「宇宙開闢」は超極大全宇宙、最初で最後の「極みの宇宙創造術」とも表現できます。

また、惑星だけではなくそれぞれの惑星を調和させるための生命体の創造も同時に行いますので、凄まじい数の生命体が一瞬で創造されます。これが、「宇宙開闢」なのです。地球上で考えられている「ビッグバン理論」と似ているように思われるかもしれませんが、その内容は全く異なります。

そして、その宇宙開闢の瞬間が終わるのと同時に、私たち「生命」に「次なる生命創造」が引き継がれます。

## 超極大全宇宙

「超極大全宇宙」とは、宇宙開闢の意識生命体が最初に開闢する全範囲の宇宙のことを表現したものです。この超極大全宇宙は現在十五存在しており、これは宇宙開闢の意識生命体が十五存在することを意味しております。そして、この超極大全宇宙はそれぞれに「極」を有しております。

私たちの住む超極大全宇宙の極は「二極」です。陰陽、明暗、男女、上下、強弱、裏表、光闇、有無、伸縮などなど、常に二極によって成り立つのが私たちの宇宙です。しかしながら、他の超極大全宇宙では、この極が二極ではありません。十五全ての超極大全宇宙が違う「極」を有しております。

「極」とは、宇宙開闢前の「エネルギー集束の時期」のある時点から自然発生的に徐々に決定されていきます。それが決定されるのとほぼ同時に「宇宙開闢の意識生命体」が発生し、その「極」の創造に向けて宇宙開闢の準備に入ります。

この「極」の解明こそが宇宙の根源をひもとく重要な命題であります。極がいかにしてこの宇宙で発生するのか？　その謎が解明されますと、私たち「生命の営み」が本当はいかなるものであるかが明らかになります。

## 「極」の悟り

極を語る時、ある一つの物語をお話ししなければなりません。それは「開闢の王」の物語です。

開闢の王は宇宙を開闢する前に一つの提案を宇宙に申し出ます。

「私はあなた（宇宙）を最終的には一つにしたいと思います」

宇宙は答えます。

「それはいけません」

「なぜですか？」

王は尋ねます。

「私が一つになってしまえば、面白くないではありませんか」と宇宙は答えます。

「では、何億個にもバラバラにしてもよいですか？」

王は尋ねます。

「それもいけません」

「なぜですか？」

王は尋ねます。

「私が一つになれなくなるではありませんか」と宇宙は答えます。

王は宇宙の矛盾に困ってしまい、宇宙に尋ねます。

「一つになれば面白くない、でも一つになれないのでは困る。それでは、あなたはどうなりたいのですか」と聞いた瞬間、「どドドドドドドドドドド～～～～～～～～～ん！！！」

宇宙は自ら開闢してしまいました。開闢の王は宇宙から答えを頂く前に開闢が始まったことで、ある重要なことを悟ります。そうです。開闢の王はすでに宇宙をどうしなければならないかの答えを知っていたのです。つまり、「疑問を持った瞬間、すでに答えを知っているという真実」を知ったのです。これが「極」の悟りです。

これより、十五ある極を全て明かしてまいります。

**1. 二極　※私たちが住む超極大全宇宙**
**2. 風陰極（ふういん）**
**3. 五極**
**4. 唯七不動極（ゆいななふどう）**
**5. ①全極、②歩極（ふ）※この超極大全宇宙のみ極が二つ存在します**
**6. 前衛極（ぜんえい）**
**7. 静極（せい）**
**8. 扉極（とびら）**
**9. 人極（じん）**
**10. 賞極**
**11. 全人極**
**12. 翼極（よく）**
**13. 仁極**

14．厭極（えん）

15．革極（かく）

以上の十五になります。極と言いましても、私たちの宇宙のように数的なものもあれば、そうでないものもあります。他の極を悟ることは、私たちが住むこの超極大全宇宙にいる限り「不可能」に近いと言えます。また、超極大全宇宙同士はその極があるために、完全にその営みがそれぞれに分かれており、交わることはありません。しかし、宇宙開闢の意識生命体同士は通信を行っており、それぞれの「極」の状況は熟知しております。

ここまで書記を進めてまいりましたが、上記が極に関する状報の地球に降ろせる限界点であるように感じます。

**全宇宙**

「全宇宙」は超極大全宇宙に六十万存在しています。形は球形であり「全宇宙球」とも表現されます。他の超極大全宇宙も同じように全宇宙を六十万持つ構造になっています。この全宇宙は人間型意識生命体である「全宇宙創造指導者」が統括いたします。全宇宙創造指導者はその全宇宙球内での基本的な教えを創造いたします。

私たちの住む全宇宙では二〇一九年五月までは「宇宙新教、宇宙立教」という二つの教えに基づいて全生命がその営みを行ってまいりました。「教え」と言いましても、私たちが考える宗教的な教えとは全く異なります。「宇宙の教え」を簡単に表現しますと、「宇宙での生命の営みそのもの」と表現できます。

似たようなものに「カルマの法則」というものがありますが、カルマの法則は全宇宙創造指導者が創造したものではなく、その下で生命活動を行っている超高意識生命体が創造したものです。従いまして、「宇宙の教え」はそのカルマ法則も含んだもっと広い意味での根源的な真実になります。

二〇一九年六月以降は宇宙新教と宇宙立教が融合した「楽心進教」という教えになり、カルマの法則も大幅に緩和されています。そのような全宇宙球内での「教えを創造、管理統括すること」が全宇宙創造指導者の命役の筆頭となります。ですから、私たちの住む超極大全宇宙には六十万の別々の教えが存在することになります。しかし、教えの基本的な違いはそれほど大きくはなく、全宇宙創造指導者は「教えの強弱とリズム」をとります。

また、全宇宙に何億個と存在している銀河団を統括する「核となる超高意識生命体」への「生命エネルギーの配分」なども重要な命役となります。その上で宇宙における全宇宙創造指導者にしか理解できない「特殊な層も創造し」、多くの生命（主に生命コア融合仙覚魂）に「命役を降ろし」、教えを実践する推進力としていくのであります。この作業は凄まじいエネルギーを消耗しますが、それが全宇宙創造指導者の大きな命役なのです。

## 大銀河

「大銀河」とは、次の項で説明する銀河団が十二存在している宇宙です。大銀河を構成する銀河団は十二全て別々の命役を持っています。その別々の命役を持つ銀河団が十二集まって「大銀河という生命」になっています。その十二の命役を、それぞれ明かしてまいります。

1. 大銀河拡大軸
2. 大銀河縮小軸
3. 大銀河の主旋律の維持（拡大と縮小の管理）
4. 大銀河の進化誘発の代行
5. 大銀河の最小収縮線の維持
6. 大銀河の最大膨張線の維持
7. 巨大連合軸（外側からの連携エネルギー）
8. 巨大連合大軸（外側からの連携エネルギー）
9. 大銀河中心への「吸引エネルギー」供給代行
10. 大銀河の連携軸（内側からの連携エネルギー）
11. 大銀河中心の補佐
12. 大銀河の中心（他の十一の銀河団を引き寄せて大銀河を営ませる中心的な銀河団）

このようになります。

大銀河の「呼吸」は、十二ある銀河団全ての「成長」「進化」「活性化」となり、銀河団の下に無数にある銀河の中心「コアプレイス」に向けて片時も休むことなくエネルギーを供給し、同時に「調整」も行っています。

※「大銀河の配列」（実際には立体なので球形に配列されています）

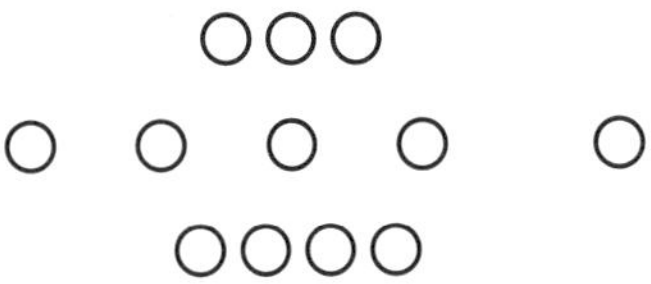

## 銀河団

「銀河団」は一つの全宇宙に、数億から十数億個存在します。銀河団は主に「超高意識生命体」の意識エネルギーと、そのもとに集合している超高意識生命体の分魂である「超意識体」の意識エネルギーで構成され、莫大な数の銀河を統括しております。

「光生命コア（新銀河創造指導者の休息所）」は銀河団の中心と表現してもおかしくないくらいの生命場ではありますが、実際の中心は別に存在します。銀河団の中心は「銀河光粒子が集まって出来た、高速回旋《かいせん》エナジーポール」と呼ばれる場所です。どの銀河団もそうですが、完全な中心にはエナジーポールは存在していません。銀河団全体を三等分したときの三分の一の位置に存在しています。なぜなら、銀河団全体は卵のような細長い球形をしているからです。そして、その三分の二の位置に「光生命コア」が存在します。銀河団はそのように、高速回旋エナジーポールと光生命コアという二つの生命場によってバランスを取り、調和を保っています。例えるなら、ハンドルを握っている両手がコアとポールの位置になります。

## 大宇宙

「大宇宙」は、一つの銀河団に数千万から数億個存在します。大宇宙は銀河が二個以上三十個未満で構成された宇宙です。私たちの住む大宇宙は現在のところ、アンドロメダ、アーミリアンダーの二つの銀河で構成されています。全ての大宇宙には、人間型意識生命体である父と母が二体一対で存在し、大宇宙における最高の意思決定はその二人の合議によって決められ、宇宙的な発展が促進されていきます。

大宇宙以下が、私たち地球人類の顕在意識でとらえることのできるギリギリの宇宙になります。銀河団以上は顕在意識でとらえることは非常に困難ですが、これからは銀河団や全宇宙にまで意識を飛躍させて物事をとらえる訓練が必要となってきます。そのような訓練をすることで、本書で明かされた「宇宙的真実」も徐々に理解できるようになると思います。

大宇宙は途方もなく広く広大です。しかし、そのさらなる先には銀河団、大銀河、全宇宙の存在が私たちを待っているのです。

## 銀河

「銀河」は太陽系が数千万から数億集まって構成されています。私たちの住む銀河のことを宇宙では「アーミリアンダー銀河」と呼びます。アーミリアンダー銀河には「全宇宙救済大拠点の中心惑星」としての命役を帯びた「地球」が存在しています。銀河も巨大ではありますが、一つの生命体です。生命体ですから人間と同様に「能力」が備わっています。アーミリアンダー銀河の能力はつい最近まで一〇〇％発揮されずにいました。その原因は銀河の中心近くに三つほど存在する「封印軸」という惑星です。

「封印軸」というのは、私たち生命が進化発展するためにさまざまな営みを繰り返し行うにあたって、その時に重いペナルティーを犯してしまった魂が管理されている惑星のことを言います。封印は非常に苦しいペナルティーです。これまでの厳しい教えに従って何億、何兆魂という魂が、その封印という状態で管理されていました。

しかし、二〇一九年六月、私たちが住む全宇宙の教えが「宇宙新教、宇宙立教」という二つの教えから、それら二つの教えを融合させた「楽心進教」という一つの教えとなったことで、カルマの法則が超緩和され、封印というペナルティーは必要なくなりました。封印軸を解放する流れは、天空の書の書記とウルトラヒーリングで次のように為されていきます。

二〇一九年六月、この「天空の書」の書記が始まり、同年十月、その書記がおおよそ完成します。翌二〇二〇年五月天空の書の追記などが終わり、ウルトラヒーリングが仙台でも決行できるようになります。そして、二十三回目のウルトラヒーリングが終了した同年十二月、第一封印軸が解放されます。さらに二〇二一年四月、二十八回目のウルトラヒーリング終了から二週間後、第二、第三の封印軸が解放されました。

これにより、アーミリアンダー銀河は本来の能力を取り戻し、地球も全宇宙救済大拠点の中心惑星となるべく、その能力の解放に向けて第一歩を踏み出しました。

## 太陽系

「通常の太陽系」は惑星が四～十八個以内で構成されます。それ以外の太陽系は、さまざまな構成要素が入るために、一概には個数のみでの表現は不可能です。

それと太陽について一つご理解いただきたいことは、燃えているわけではないということです。燃えているように見えるだけで、実際には燃えてはいません。私達が熱を太陽から感じるのは、太陽から放射されているエネルギーが大気圏に入ってから熱エネルギーに変わるためなのです。大気圏に入る前は熱エネルギーになることはありません。ただし、宇宙空間に空気を持っていった場合は、その空気に触れますと熱エネルギーとなります。ですから、太陽から近い水星も太陽から遠い海王星も気候は地球と何ら変わらないのです。つまり、太陽や月も含めて人間が住めない惑星は一つもないというのが宇宙的真実です。

私達はあまりにも長い期間、地球的常識に洗脳されすぎているために、このような宇宙的真実を理解できない大脳にされてしまっているのです。

さて、私たちが地球から見ている太陽は、実はアンドロメダ星人が創造した「Ｐ空（超大型の惑星型の母船のようなもの）」なのです。正式な名称を「真光石空《しんこうせきくう》」と言います。その周りを、地球を含めた惑星がまわっています。ですから、私たちの住む太陽系はアンドロメダ本星そのものなのであります。

どういうことかと言いますと、「通常の太陽系の太陽は惑星型意識生命体」として創造されます。ところが、私たちの住む太陽系の太陽はアンドロメダで創造されたＰ空です。その意味するところは、地球や太陽系内の惑星が常にアンドロメダ本星の波動を頂いているということで、これは太陽系全体が第二のアンドロメダ本星になるべくして創造されたことを意味します。従いまして、今後地球が「全宇宙救済大拠点」に変貌を遂げた場合、その太陽であるＰ空の命役は終わり、アンドロメダ本星の近くにテレポートいたします。

全宇宙救済大拠点は「巨大な銀河連合」を形成しますので、テレポートした現在の太陽も大拠点の中に組み込まれることになります。残された私たちの太陽系の各惑星は新たに「惑星太陽系」を形成します。つまり、アンドロメダ本星のように地球を中心に八角形ないし、他の惑星の援助も考えられますので、八角形以上という形態となり、全宇宙救済大拠点の命役を強力に推進していく中心惑星となっていきます。

このように、太陽系と言いましても「通常の太陽系」と「惑星太陽系」その他に「連続太陽系」「銀河コアレベル中心太陽系」など、この銀河にはさまざまな形態の太陽系が存在しています。その意味は、さまざまな惑星レベルの命役を、その配列によるエネルギーコントロールによっても成し遂げようとするものなのです。

## 総括

以上のように、私たちの住む宇宙は惑星、太陽系、銀河、大宇宙、銀河団、大銀河、全宇宙、超極大全宇宙という順に、加速度的に大きくなります。途方もない数の惑星や生命が存在しているのが、この宇宙です。私たちはその宇宙の真の姿をまだ十分に認識できていません。この書は宇宙の真の姿を理解していただくことも一つの目的として書記されています。

地球上の常識では信じられないかもしれませんが、ここで書記されたことは全て真実であります。宇宙時代に突入する地球人類にとって乗り越えねばならない「意識の大転換」の時が迫っていますので、全宇宙創造指導者が私たちに真実を伝え、地球人類を導こうとしているのです。

## ②ミクロ宇宙の悟り

ミクロ宇宙とは「肉体」のことです。

肉体もよく観察してみますと、非常に不思議な構造をしています。なぜ目や耳は二つあるのでしょうか？　なぜ口は一つ？　腕や足は二本、臓器では腎臓や副腎が二つ、その他は一つ。また、腸は非常に長い臓器です。局部は男性と女性で違います。指は手も足も五本あります。そもそも、人間が人間である形態はどのようにして決定されたのでしょうか？

他の超極大全宇宙でも人間型意識生命体は存在しているのでしょうか？

さまざまな疑問が次から次へと湧いてきます。まず、人間型意識生命体の存在と形態は、私たちが住む超極大全宇宙が極を「二極」と決定した瞬間に決まりました。宇宙開闢の何千億年も前のことです。極が決まりますと、ありとあらゆる存在、例えば私たちが住む宇宙で言うと、「人間型、神仏型、惑星型、金属型、超高意識生命体型……」と生命のさまざまな形態が瞬時に決まります。そして、そこから開闢までの間にそれらを物質化、または波動化するエネルギーを徐々に蓄えていきます。

次に、人間型意識生命体は他の超極大全宇宙にも存在しているのか？　という問いですが、その極によって存在している極と存在していない極があります。つまり、十五ある超極大全宇宙には人間型意識生命体の存在がない宇宙があるということです。その人間が存在しない宇宙を私たちが理解することはほぼ不可能です。

また、人間型意識生命体の基本的な形態は人間が存在している極大全宇宙においては同じです。なぜなら、十五の超極大全宇宙には全て六十万の全宇宙が存在しておりますが、そのルールにのっとったものだからです。つまり、六十万という数字の意味は、人間型意識生命体（物質型）の根源的な数字であり、人間を物質化する時に調合される波動の種類の数です。その六十万の波動の調合によって初めて、人間および物質が物質化できます。伝導書で明かされました六光《りっこう》波動《はどう》はその基本で、六十万の波動群を大きく六つに区分けしたものになります。

念のため「六光波動」を転載いたします。

1. **神波動→空気、酸素等**
2. **悟（アー）波動→タキオン（超光速微粒子）、光、宇宙エネルギー等**
3. **無（ムー）波動→大意識、宇宙意識等**
4. **水波動→水、油、酸、アルコール**
5. **硬波動→三次元的物質**
6. **質波動→魂、心、神体、上体、霊体**

また、人間型がなぜ、現在のような形態になったのかも六十万の波動群を細かく解明していきますと、ある程度、理解できます。

まず、人間の外見ですが、左右は基本的に対称です。その意味は六十万の波動全てに「右辺」「左辺」という「特性」が与えられていることに由来します。左辺が約二十万種、右辺が約四十万種になります。右辺が多いのですが、その意味は、人間の内部を見たとき、右には左にはない特大の「肝臓」があるということです。

また、「高波」「低波」という特性もあります。人間の思考は高波で行うので、脳は上部にあります。高波は低波に流れて影響を及ぼします。仙骨以下の脚部は低波になりますので、その影響を受けつつ行動を起こすようになります。さらに、奇種、明種《めいしゅ》、正種《せいしゅ》の三種類の「大印」もそれぞれに頂いていますので、それを人間の肉体で表現すれば、「筋肉、骨」「内臓」「脳」という区分けができます。

また、手足の指が五本であることも重要な意味があります。それは、六光波動にその大本を見つけることができます。つまり、手の五本指と、もとにある手のひら、足の五本指と、もとにある足裏、六つの部位がそれぞれに反映されていることが分かります。

このように、六十万ある波動を解明していきますと、人間の肉体にそれがさまざまな形で反映されていることが分かります。もっと解明したいところですが、本題に入るためにここまでにしたいと思います。

## ミクロ探究

私たちの肉体の最小単位は「細胞」です。その何十兆個もある細胞には全て、「細胞神」が宿ります。私たちの肉体には大きく分けて「ＤＮＡ細胞とＲＮＡ細胞」の二つが存在します。現在の地球の科学では、ＤＮＡは遺伝を起こすための設計図で、ＲＮＡはその設計図に従ってさまざまな行動を起こすものと理解されているようです。実際にそのような意味もあります。

しかし、本来、ＤＮＡとＲＮＡは「細胞の質の違い」を表します。ＤＮＡ細胞は生まれた時から備わっている細胞で「細胞が進化する前」の細胞です。それに対してＲＮＡ細胞は進化後の細胞になります。その違いが何かと言えば、目に見えない「波動をとらえる細胞能力」が格段に違います。つまり、ＤＮＡ細胞とＲＮＡ細胞の比率によって、人それぞれに「全細胞能力」が変わってきます。もちろん、ＲＮＡ細胞の比率が多いと波動をとらえやすくなります。

先に、序章で私の体験をお話しさせていただきましたが、三日目の康普川師の車が動かなかったことは、その細胞レベルでの悟りになります。師のＲＮＡ細胞の比率は一〇〇％ですから、私の行動の不調和を師の細胞が察知したので、車が動かなかったのです。もしあの時、師がそのまま出発していれば、私が購入した招き猫の置物の意味がなくなりますので、ラリどころかカルマを積んでしまったかもしれないのです。そのような私の行動の不調和を細胞レベルで悟れたからこそ車が動かない、正確に言うとアクセルが踏めないということになるのです。

ＤＮＡ細胞の比率が多い人からすると不思議な現象ですが、肉体の浄化を進めてＲＮＡ細胞の比率を高めていくと、そのようなことも簡単に分かるようになっていくのです。つまり、ＤＮＡ細胞は「地球神の細胞」であり、ＲＮＡ細胞は「宇宙神の細胞」と言い換えることができます。ですから、「肉体の浄化」は非常に重要なことなのです。肉体の浄化に関しては、後の章でも明かしてまいります。

次に、細胞の分類を理解していただいたので、もう少し細胞の奥に踏み込んでいきます。細胞の中心には核が存在していますが、その核の構造を明かしてまいります。現在の科学では細胞の核にはＤＮＡとＲＮＡが存在していると言われているようですが、実際に存在はしているものの、働きに関しては全く違う理解のされ方をしています。ＤＮＡは進化前の細胞ですから、その多くは不調和な食、不調和な行動、不調和な言霊などとして肉体に現れます。従いまして、その構造は地球上の科学が認めているとおり、二重らせんになっています。

そのＤＮＡ細胞ですが、その比率が多くなればなるほど、その二重らせんがきつくなっていきます。例えるなら、ＤＮＡ細胞が多くなればなるほど、ぞうきんをきつくしぼるような感じです。そのため、ＤＮＡ細胞の比率が多いと細胞が悪変化しやすく、病気になりやすくなります。逆にＲＮＡ細胞はそのような構造ではありません。進化細胞なのでＤＮＡ細胞よりもシンプルです。ですから、ＲＮＡ細胞の比率が多くなりますと、ＤＮＡ細胞とは逆の効果が得られます。すなわち、調和した食の理解、調和した行動の理解、調和した言霊の理解、そして、目に見えない波動の理解などです。

さらに、ＤＮＡの中心に意識を向けますと、さまざまな波動を感じますが、最も多いものは地球を長い年月支配してきた最高神である十次元宇宙創造主の意識エネルギーです。地球のような修行の世での神仏は、私たち人間を指導しておりますが、地球神というのは宇宙的に見て宇宙創造主であっても非常に低級です。そのため、その指導には誤りが非常に多くあります。結果、現在のような地球になってしまっています。そのような意味でＤＮＡ細胞は「神仏支配の細胞」と言い換えることができます。早急なる細胞進化が望まれる理由が、ここにもあるのです。つまり、肉体浄化をせずに何かを成そうとしても、その神仏支配が細胞に残るうちは「宇宙的な命役を果たすこと」は不可能になります。

逆にＲＮＡの中心に意識を向けますと、マクロ宇宙で説明しました「全宇宙」が見えてきます。全宇宙を統括しているのは「全宇宙創造指導者」という人間型意識生命体です。神仏ではありません。これはどういうことを意味しているのか？　この場合、ＲＮＡ細胞が「全宇宙を調和させる」エネルギーであることを示しています。つまり、私たち地球人は将来的にＲＮＡ細胞一〇〇％に進化していきますので、全ての地球人類が全宇宙的に調和した生活を送れるようになるのです。しかし、そのような生活を送れるようになるためには、繰り返しになりますが、「肉体の浄化」は非常に重要なことになります。

また、宇宙においては神仏よりも人間のほうが圧倒的に進化しており、修行の終わった弥勒《みろく》の世では「神仏は人間から指導を頂いている」というのが宇宙の真実なのです。

**心探究**

ＤＮＡ細胞、ＲＮＡ細胞など肉体の最小単位は「細胞」ですが、肉体を含め物質の最小単位は「原子」と言われています。次はその原子レベルのお話です。原子はその中心に原子核があり、陽子と中性子で出来ています。ですから、原子ももっと細分化できるので、厳密に言うと原子は最小単位ではありません。しかし、原子という単位は宇宙的に見ても非常に重要な単位ですので、そこから明かしてまいります。

まずは、原子の中でも私たちの生活に密接に関係している「水」にスポットを当てたいと思います。水の分子式は「$H_2O$」です。中学の教科書に出てくるので覚えている方も多いと思いますが、水は水素（H）と酸素（O）が結合したものだと言われています。その水素と酸素にスポットを当てます。

まずは水素です。水素は六十万ある創造波動のうち約五十万種の波動を組み合わせて創造されます。宇宙開闢時はあまねく宇宙の全範囲に溢《あふ》れている原子です。その大本は宇宙開闢の意識生命体にあります。従いまして、これから水素は地球にとっても非常に重要な元素になっていきます。

次に酸素です。酸素の創造波動は約三十万種の波動の組み合わせになります。それぞれの全宇宙によって、酸素の「波動形態」は若干異なります。つまり、約三十万種の波動で作られる、その組み合わせが少しだけそれぞれの全宇宙で異なるようです。また、酸素の原子核は少し特殊な形態をとっていて、原子核を構成する陽子と中性子の波動に少しだけゆがみと言いますか、揺れと言いますか、決して不調和なものではないのですが、「遊び」のようなものが通常の原子核よりも多くあります。そのために、さまざまな原子と融合しやすい特質があります。私たちにとって重要な「意識融合（分かち合い）」も適度な酸素量によって促進されるということもありますので、私たちが日常的に行っている「呼吸」も、ある程度の鍛錬によって、深く安定させることとは重要なことです。

そのようなわけで、「水」は大本では宇宙開闢の意識生命体とつながり、私たち「生命」の最終的な目的である「宇宙開闢の意識生命体との融合」はその水によって導かれていくことになります。

次に、こちらも生活に密着している「塩」です。塩の分子式は「NaCl」。塩はナトリウム（Na）と塩素（Cl）が結合したものであると言われています。

ナトリウムは私たちの「健康維持」になくてはならない元素です。宇宙開闢の一秒後、私たち、生命に次の生命の創造が引き継がれますが、その瞬間に超極大全宇宙の全てにナトリウム波動が調合されます。それによって、生命活動の最初の動きが始まります。つまり、私たち「物質生命」の活動源がナトリウムであると表現できます。

これに対して塩素は、その生命活動の停止を命役とする元素であると表現できます。すなわち、物質生命の寿命はこの塩素によって管理統括されているのです。よって、「塩」は健康食品の筆頭であると同時に、摂り過ぎると寿命を著しく短くしてしまうものですので、その摂取には十分注意が必要です。現在の地球人は先進国になればなるほど塩分の強いものを食しておりますので、そのマイナス作用のほうが多く表れています。

また、「人工的に合成された塩」はナトリウムの活性波動がほとんどなく、塩素の生命停止波動が著しく強いものなので、摂取することはお勧めできません。できるだけ「粗塩（海水から作られたもの）」を摂るようにしましょう。粗塩は塩素の生命活動停止波動が非常に抑制されています。

次に「リン」という元素です。このリンも生命活動に深く寄与している元素です。宇宙開闢時にその開闢地点の中央には「リン」が密集しており、強烈で激烈な光を放っています。そうです、「リン」こそ、宇宙開闢を起こす中心的な元素であり、宇宙開闢の前の「極」が決まってから延々と宇宙開闢地点に蓄積されていく宇宙開闢のエネルギーそのものなのです！

地球の物質次元でもリンは多くの食物に存在しておりますので、「食は命」であるということが、このリンの働きが明かされて初めて明確になるのです。また、リンは波動次元にあまねく存在している波動元素でもあります。つまり、宇宙空間そのものなのです。宇宙プラーナエネルギー（※15）は、そのリンの代行的エネルギーであり、全ての生命を生かす根源的エネルギーです。

## 陽心

原子について明かしましたが、原子を含むミクロ宇宙の根源は、もちろん、宇宙開闢の意識生命体の意識エネルギーそのものです。その「意識エネルギー集積」の究極である私たちが与えられている「陽心」にスポットを当てますと、陽心の奥底に隠された深奥なる作用に驚かざるを得ません。

私たちが頂いた陽心、この陽心がこれからの私たちの住む全宇宙を飛躍的に進化させる原動力になることは間違いありません。一言で「陽心」と言いましても、さまざまなレベルが存在しています。先にお話ししたＢ－Ｉ仙星の方々は、地球人の陰心がある位置に「超陽心」があると申し上げました。

その超陽心についてミクロ宇宙的見地からご説明いたします。超陽心の波動構成物質は、主に「外光粒子（がいこうりゅうし）」と言いまして、「惑星が持つ陽心」と同等のレベルであります。それはどういう意味かと言いますと、指導者的銀河惑星人が持つ顕在意識は、もはや人間の枠を超えているということです。つまり、人間型意識生命体として肉体は存在しておりますが、惑星型のように「多くの生命を養うエネルギー体」となっているのです。例えるなら、惑星の一つが人間に入り込んだようなものです。

このように、私たち人間は、想像以上に途方もない進化の過程をたどります。

## ③超極大全宇宙（六十万宇宙）の全て

宇宙開闢の鬨《とき》より、現在まで延々と営まれてきた生命活動の舞台が超極大全宇宙です。私たちにとって広大すぎるほど広大な宇宙。その全生命の活動の舞台は、非常に複雑で多様性に富んでいます。

ある舞台（惑星）に行きますと、惑星の自転が非常に緩やかで、一日の長さが地球時間で三十日分になる舞台があります。そこで暮らす人々は、昼が十五日、夜が十五日です。地球のような修行の地では考えられないことですが、そこに住む人たちは「惑星内テレポート能力」を有し、惑星内であればどこでも瞬時に移動することができます。また、平均寿命は地球時間で約一万歳くらいです。その中でも肉体寿命で亡くなる人は五〇％、残りの方はリフレッシュのため、肉体寿命の前に肉体を去り、次の肉体に移ります。肉体から魂が抜けだしますと、数時間のうちに、その肉体は宇宙エネルギーになります。その時の状態は、肉体全体が光を放ちながら、霧のように少しずつ「蒸発」していきますので、とてもきれいです。

## 証明

天空の世（弥勒の世の奥世界）には、私たちの想像を絶する世界が広がっています。その一つの表現として、時間を例にあげると、時間軸換算で現在の宇宙開闢歴は十京百二十五兆一千億年と表現できます。

また、天空の世には常に美しい音霊《おとだま》が流れています。より正確に表現すると、そこに住む人々の耳の構造が、惑星自体から奏でられる音霊をキャッチできるほど進化しているということです。惑星は基本的にどの惑星もそうですが、音霊を発しております。地球も同じです。しかし、進化前の私たちには聞くことはできません。惑星が奏でる音霊によって、その惑星の調和レベルがある程度分かるのです。

## 要試

超天空の世（弥勒の世の奥世界）も想像を絶する世界です。

そこに住む人々は、「全物質と融合」しております。その一つの例として、自分の着る服が肉体全体から創り出されます。つまり、その瞬間瞬間で必要な衣服を肉体が感じ取り、即座に創造してしまうのです。さしずめ、何万着という服を自らの肉体の内側に持っているようなものです。

また、くつに至ってはその存在自体が必要ありません。なぜなら、その世に住む人々は人地を踏むということをしないからです。大地と言いましても、私たちが想像するような大地ではありません。超天空の世の大地は、どこでもそうですが、光を放っておりまして、そのような大調和した大地を踏む事は不可能です。そのため、そこに住む人々はその大地から数十センチ上に浮いており、その浮上した位置で生活をしております。そこでの生活は、地球人とは全く異なり、睡眠はとりませんし、食事もほとんどしません。また、呼吸も基本的には皮膚呼吸のみですから、肉体は非常にきれいです。

そのような世なので、建築物はほとんどありませんが、数カ所に建築物的意識生命体が存在しています。また、人々は睡眠をとりませんが、休息はとりますので、服の時と同じように休息をとる時は、休息カプセルのような物を肉体が創造し、そこで休息をします。

## 大地

宇宙開闢以来、私たちの住む全宇宙は常に進化と退化を繰り返してきました。現在の私たちの全宇宙は、今までに前例のない進化でも退化でもない「変化」の道に入っています。第三の道です。その道は非常に険しい道でありますが、喜び多い道でもあります。

超極大全宇宙からしますと、全宇宙は六十万もありますから、私たちの住む全宇宙はその六十万分の一になります。その全宇宙は大きく二つに分かれます。一つは安定型、もう一つは不安定型。現在の私たちの住む超極大全宇宙には安定型の全宇宙が七五%、不安定型が二五%です。私たちの全宇宙は「不安定型」になります。安定型には「全宇宙救済（大）拠点」がありますが、不安定型にはそれがありません。通常、どの全宇宙にも「救済拠点」は無数にあります。しかし、「救済（大）拠点」となりますと、それを創造することは別次元の話となるくらい難しいことになります。つまり、その「全宇宙救済大拠点」を創造することで私たちの全宇宙は安定します。この場合の安定の意味は、進化する速度が格段にはやくなることを意味します。

今から一億年前、地球はその全宇宙救済大拠点になるべく挑戦をいたしました。ですから、地球にとっては今回が二度目の挑戦となります。一つの惑星にとって「大拠点」となる挑戦は二回までが限界です。なぜなら、惑星にとって、その挑戦は自らの全生命力をかけるに値するもので、その挑戦が成功するしないにかかわらず、全てのエネルギーを出し尽くす壮絶な挑戦だからです。失敗した場合でも、ある意味で全てを出し切ったという充足感が残りますので、「もう一度挑戦する意識」になるまでにはかなりの時間が必要になります。スポーツで言うところの「燃え尽き症候群」のようなものです。惑星にも意識はありますので、そこは、人間と同じような意識状態です。ただし、その燃え尽き方のレベルは、惑星のほうが格段に深くなります。

話は変わりますが、地球の起創造は地球で考えられている以上に古く、三百億年以上前になります。地球の起創造はアンドロメダ本星の近くですが、起創造時の命役は主に「アンドロメダ銀河内の調和」となり、アンドロメダで創造される惑星としては一般的な命役です。しかし、今から百億年前、その地球に転機が訪れます。実は、今から百億年前、今回と同様の全宇宙的進化現象が訪れた時がありました。その時、地球の潜在能力の高さをとらえていた全宇宙創造指導者が、地球に新たな命役を授けたのです。それが、「全宇宙救済（大）拠点化」です。もちろん、他の惑星にもその命役は降ろされておりますので、地球だけというものではありません。複数の惑星にその命役が降ろされるのは、それだけその命役を達成することが難航を極めるということに他なりません。

事実、ここ百億年で「全宇宙救済大拠点」は創造されていません。一番新しい挑戦が一億年前の地球ということになります。また、大拠点創造の難しさのもう一つの要因は、全宇宙あげて一つの惑星に意識を集中しますので、同時に複数の惑星に挑戦させることができないということもあります。例えば、地球以外にも百個くらいの惑星を同時に大拠点化に挑戦させるということが可能であれば、すぐにでも大拠点は創造できると思います。しかし、それはできません。というより、そのような分散した意識力では、大拠点を創造することなど到底無理なのです。

さらに、大拠点創造に費やされるエネルギーは「新銀河創造」と比べても、はるかに超越したエネルギー量です。また、その創造に失敗した場合、全宇宙に存在する全生命体にも休息が必要になりますので、すぐに次の挑戦というわけにはいきません。ですから、今回の大拠点創造への挑戦は一億年ぶりということになります。そのような意味から、現在の地球の上空にはさまざまな意識生命体が集結しています。それだけ地球の「全宇宙救済（大）拠点化」は全ての生命にとっての悲願なのです。

さて、次に一億年前の地球に起きた出来事を詳しく検証していきたいと思います。全宇宙救済大拠点化が何度も挑戦しては失敗に終わっていた一億年前、いよいよ潜在的能力が抜群に高い「地球」がその挑戦をする時がやってきました。当時の地球の世界地図は現在とは全く異なるものでした。惑星としての調和レベルは格段に高く、そこに住む人たちもアンドロメダ本星を思わせるほど進んだ精神文明と科学文明を有し、地球の大拠点への挑戦も全ての人々が悟っている状態です。現在の地球とは真逆と表現することができると思います。これは願ってもない大チャンスです。果たして、地球とその当時の地球人類の大拠点化への挑戦が始まりました。

挑戦が始まった当初、地球上でその中心的役割を果たした土地がありました。その土地の名前を「アースコア」と言います。現在の宮城県仙台市、名取市周辺です。当時は世界が一つの国となっておりましたので、それぞれの土地に住むリーダーたちは、挑戦が始まるとともに、続々とアースコアに集結しました。アースコアの当時の地球上での命役は「地球の心臓部的命役」です。

当時の地球は修行の世ではありましたが、弥勒の世に非常に近い世界でした（大拠点創造の命役は、宇宙法則により弥勒の世以上の惑星には与えられません）。

その中心となるアースコアは、人間が発する善想念（プラスの生命エネルギー）を地球自体に向けて送るパイプのような役目となっていたのです。しかも、アースコア自体の強いエネルギーも同時に地球の内部に送り込まれることになります。そのような状態が当時の地球であり、アースコアの命役でした。ですから、アースコアには常にリーダー的な方が代わる代わる訪れるという場所だったのです。

そして、挑戦が始まって数年後、ある大事件が勃発します。あろうことか、地球を含む太陽系とその周辺の太陽系をも統治していた宇宙連合Z—2が、地球に向けてマイナスエネルギーを照射したのです。誰もが目を疑いました。そのエネルギーは誰も予想だにしていなかったことなので、地球も地球のリーダーたちも不意を突かれ、数年間蓄積させてきた救済大拠点化のエネルギーがものの見事に一気になくなってしまいます。同時に地球も大きな痛手を負ってしまいます。つまり、地球の内部にマイナスエネルギーが深く食い込んでしまったのです。

これを取り除くことは容易なことではありません。今でこそ地球は、私たちの悪想念を毎日大量に浄化してくれていますが、当時はそのような命役は地球にはありません。ですから、マイナスエネルギーが地球を襲うなど考えられないことでした。ましてや全宇宙救済大拠点を全宇宙あげて創造しようという時です。不意を突くとはまさにこの時にあるような言葉です。

アースコアではすぐに緊急会議が招集され、今回の宇宙連合Z－2の行為が何を意味するのかをとらえるためにリーダーたちがZ－2に向けて交信を開始しました。ところが、交信を始めてすぐにリーダーたちの数人が脳波を著しく乱され、交信を行うことは不可能であるということが判明します。一体、Z－2に何が起こったのか？　リーダーたちは首をかしげるばかりです。

Z－2に何が起きたかを明らかにする前に、Z－2の地球の関与について少し説明いたします。宇宙連合は私たちの銀河には二千団体ほど存在していますが、Z－2は地球を含む太陽系以外にも九十個を超える太陽系を統治しています。しかしながら、銀河全体で見ますと、その影響力は他の宇宙連合に比べて、かなり低いものになります。通常の宇宙連合の統治数は太陽系換算で三千から一万、惑星の数で言うと、その約五〜二十倍となります。

つまり、Ｚ－２は宇宙連合としては、けた違いに惑星の統治数が少ないのです。これには意味がありまして、Ｚ－２の統治下には地球の他にもう一つ救済大拠点の命役がある惑星を有していたため、その命役が発動した時のために統治数を極端に少なくしていたのです。Ｚ－２の不可解極まる動きは、このもう一つの大拠点の命役を帯びた惑星を統治していたことから始まります。

つまり、こういうことです。Ｚ－２の当時の最高司令官は「地球の大拠点化」が成る成らないにかかわらず、もう一つの地球以外の惑星を大拠点にしたかったのです。なぜなら、その惑星は最高司令官が惑星創造にリーダーとして関わった最初の惑星だったからです。そんな理由で？　と思われるかもしれませんが、最初に惑星の創造を自らがリーダーとして行い、それを成功に導いた時の感動は計り知れないほど深く、その惑星のためならば、どんな犠牲をもいとわないというくらい、すごい愛情が湧き上がるものなのです。

さて、その最高司令官はその奥底に眠る偏った愛情に支配されながらも、そのような感情自体はカルマにはなりません。ですから、他の司令官の側近達は特に問題視はしていませんでした。また、最高司令官自身も地球が大拠点になれるならば、それでもよいと最初のうちは思っておりました。しかしながら、大拠点化が目前に迫ってきますと、奥底に眠っていた偏った愛情がどんどん前面に出てきました。

そして、いよいよその「念を発する時」が来ます。宇宙連合の最高司令官ですから、その気になれば、統治している惑星の一つや二つを消滅させるくらいの強力な意識力はあります。そのような方が「地球を大拠点にしたくない！！！」と真剣に思ってしまったのです。その瞬間、その波動は地球の中心であるアースコアに一直線に放たれました。最高司令官も「しまった!!」と思いましたが、時すでに遅く、地球は中心部の奥深くに、再生不能なほどの深い痛手を負ってしまったのです。

これが、一億年前の地球に起きた本当の出来事です。その後、地球の修復作業が行われましたが、あまりの痛手の深さに「全宇宙救済大拠点」への挑戦を諦めざるを得ない状況に徐々に追い込まれていくのでした。

## 善意識

その後、地球の修復を一刻も早く成し遂げねばならない地球のリーダーたちは、アースコアにて「地球修復の大儀式」を行いました。大儀式はリーダーたちの中でも特に意識力の強い七名が「大儀式先導七者」として選ばれました。七名の合議によって、大儀式を行う日取りや儀式形態などが次々と決定されていきます。そして、儀式決行当日、七名は宇宙連合Ｚ－２と交信を始めます。

先導者：「今回の最高司令官の件は、大変残念なことではありますが、私たちは地球を大拠点に成すべく、再度地球を修復いたします。その援助をしていただけますようよろしくお願いいたします」
最高司令官代理：「はい。了解いたしました。今回の件は最高司令官のみならず、側近であった私たちの責任でもあります。地球をこのような状態にしてしまった責任を皆さまへの援助という形でお返しできましたら幸いです」
先導者：「この儀式は前例のない儀式ですので、多くのエネルギーが必要になります。ご協力よろしくお願いいたします」
最高司令官代理：「私たちはどのような形での援助がのぞましいでしょうか？」
先導者：「私たちが地球内部に向けて照射します（癒やしの意識エネルギー）の増幅をお願いできればと思います」
最高司令官代理：「承知しました」

こうして、先導者たちを中心にして地球のリーダーおよび全地球人が「癒やしの意識エネルギー」をアースコアに集束させ始めました。そして、そのエネルギーを宇宙連合が増幅させ、一回目のエネルギー注入が始まりました。しかし、一回目はほとんど効果がありません。というよりは、痛手の深さが想定以上に深く、その痛手の最深部には全く届かなかったのです。
二回目、今度は数日間意識エネルギーを集束し、増幅後に再度注入します。ところが、今度は地球自体がそのエネルギー注入を拒否しだしました。どうやら、もうこれ以上の挑戦は不可能のようです。地球は休息を望み始めておりました。こうなっては仕方がありません。全宇宙から地球にもたらされていた「大拠点化」のエネルギーは徐々に少なくなっていき、数カ月かけてその波動は完全になくなっていきました。

これによって、地球の一回目の全宇宙救済大拠点化への挑戦は失敗に終わります。

その後のZ－2の最高司令官は、あの想念を発した瞬間に「即死」です。つまり、カルマを積んでしまったのです。司令官クラスの方は宇宙の進化をけん引しなければならない方ですから、宇宙の教えの中では非常に厳しい「宇宙新教」を当時実践されていました。その宇宙新教においては宇宙で積むカルマは即死を意味します。宇宙立教の場合、そこまで厳しくはありません。また、現在の教えは「楽心進教」ですが、楽心進教といえども、宇宙におけるカルマの種類によっては即死の可能性はあります。

さて、その後のその最高司令官は、銀河中心付近の「第二封印軸」に封印されていましたが、封印軸が解放されたことによって、新たな命役を頂いて宇宙に復帰しています。

私たちが修行の世にいるうちは分かりづらいかもしれませんが、「思う」という行為は、宇宙に出ますと良くも悪くも、それくらいすごいエネルギーになります。最高司令官を擁護するわけではありませんが、偏ってはいましたが、司令官が抱いた感情は誰しもが抱くものです。私たちが銀河惑星人として進化したとしても、時として、そのようなことも司令官クラスでさえ起こり得るという教訓です。

念のためお断りしておきますが、銀河惑星人に陰心はありませんので、司令官が発した想念は陰心ではありません。それではあの想念は何だったのか？　それは、「陽心のほんの少しの偏り」です。ゆがみではなくその前段階のごくごくほんの少しの偏りだったのです。

実は、このような偏りは銀河惑星人の多くが持っています。特に宇宙連合に加盟していない銀河惑星人たちにはこの偏りが多く、実際には宇宙戦争という事態もこの広大な私たちが住む全宇宙には存在していることが明らかになっています。しかしながら、「大拠点」の創造がかなえば、そのような宇宙的争いも瞬時にしてなくなります。そのような意味からも「大拠点」は私たちの住む全宇宙にはなくてはならない重要な「調和維持のため」の礎（いしずえ）と言えます。

## ★追記

### 四億年前の挑戦

挑戦したのは三つの惑星で構成される惑星太陽系です。その名前を「サンオークＶ（ブイ）星」と言います。惑星太陽系はアンドロメダ本星もそうですが、非常に調和レベルの高い星です。

私はその惑星太陽系を構成する一つの星の管理を任されておりました。サンオークＶ星が全宇宙救済大拠点への挑戦が決まってからも惑星全体の管理ですから、仕事の内容にそれほど大きな変化はありませんでした。惑星大統領からも「仕事の内容はそれほど変わらないから、今までどおりよろしくお願いします」とのメッセージを頂いておりましたので、通常どおりの管理体制でその挑戦に臨むことになります。

サンオークV星では、挑戦が決まるとすぐに惑星大統領が「全宇宙創造指導者」のもとを訪れ、全力で事にあたることを誓って戻ってきました。大統領が戻ってくるとすぐに、私を含む各惑星の管理者が招集され、大統領と四人で会議が開かれました。その席上で大統領が「今回の挑戦は皆さんもご存知のとおり、これまでに幾度も挑戦しては失敗してきた非常に難度の高い挑戦です。全宇宙創造指導者もそのことは十分に承知されています。まず、私が感じることとして、これから約五年の歳月を費やして、この惑星を救済大拠点へと変貌させるエネルギーの蓄積を成し遂げたいと思います。私たちの惑星ではこのようなことを行うのは初めてのことですから、皆さま方の中からそのエネルギー蓄積の方法をいかにして行うべきかの意見をお聞かせいただきたいです」

大統領はそのようにおっしゃって意見を求められました。三人の意見はだいたい一致していました。それは、銀河の中心である「コアプレイス」と通信を取り、エネルギーを通常よりも多く放出していただき、その多く頂いたエネルギーを三角形に配列しているサンオークV星の中心に蓄積させます。蓄積させる方法は、何らかのエネルギー貯蔵装置を創造し、そこに蓄積させていくという方法です。三人ともこれしか方法はないという結論に至りましたが、実はこの方法が後々、サンオークＶ星の挑戦失敗の大きな原因となるのでした。

結論を言いますと、創造されたエネルギー貯蔵装置の貯蔵容量があまりにも少な過ぎたということです。全宇宙救済大拠点を創造するためのエネルギーは超莫大です。当時創造された貯蔵装置の最低でも百倍の容量は必要でした。

ただ、念のためにお伝えしておきますが、私を含む三人の合議で創造されたものですから、宇宙的視点から見ても通常の貯蔵装置をはるかに超える容量があったことは間違いありません。不幸なことは、それほどすごい貯蔵装置であっても全宇宙救済大拠点を創造するには全く足りていないということであって、大拠点創造事業がそれだけ、けた違いにすごいエネルギーを消費するという事実です。たとえ進化した銀河惑星人でも、その消費エネルギーを完全に把握することは非常に難しいと言わざるを得ないのです。また、その貯蔵装置がサンオークＶ星の中心にあったことから、その装置の容量不足は、惑星全体にとって致命的なものとなりました。

果たして、エネルギー貯蔵が始まった瞬間から、コアプレイスからものすごいエネルギーが流れ込みます。しかし、それは想定されていたことですので、問題はありませんでした。ところが、「大拠点の創造」ということもあり、サンオークＶ星が存在する銀河周辺のコアプレイスもすぐに連動してエネルギーを送るようになってしまったのです。

通常、銀河一つのコアプレイスからだけでも想像を超えるエネルギーが送られますが、それがいくつもの銀河が連動してエネルギーを送るとなると、さすがにそれは想定外の出来事です。貯蔵が始まって、ものの数分で容量がいっぱいになってしまいました。あまりにも大量の想定外のエネルギーが貯蔵装置に流入した結果、その貯蔵装置が大爆発を起こしてしまいます。その大爆発はサンオークV星を構成する三つの惑星全てを同時に破裂させてしまい、現在、二〇一九年七月上旬の時点で、そのサンオークV星はこの宇宙空間には存在しておりません。

その一部始終をトピ船から見ていた三人は、あまりの出来事に、粉々になったサンオークV星を、ただただぼうぜんと見つめるばかりでした。

**大復活**

「サンオークV星を復活させる儀式」を行うように超大宇宙連合よりメッセージを頂きました。そして、すぐにその儀式を執り行いました。当時、あまりの大爆発だったため、サンオークV星周辺の空間が大きくゆがんでいましたので、その空間のゆがみを修復する意味でも復活が望まれていたようです。

儀式終了後、復活したサンオークV星は二重の輪のような惑星配列となり、惑星数は全部で九つでした。かなりの「大進化」です。中心の輪に三つ、外側の輪に六つという配列です。復活が終わると、その周辺のゆがんだ空間は一転して大活性化し、サンオークV星が存在した銀河は光を取り戻しました。

サンオークV星が存在する銀河のみならず、この広大な宇宙には、このような空間のゆがみが多数あります。私たちはこのような宇宙空間のゆがみをも修正しながら、さらなる宇宙全体の発展に寄与していかなければならないのです。

# 第3章

# 地球的救済拠点創造

## ①全人類救済

一九九九年、沖縄の救済大拠点では毎日のように「導会（康普全師直接の講義）」が開催され、ありとあらゆる宇宙の状報が降ろされていました。そして、それらの状報を基に私の師匠たちがさまざまな活動を展開していましたが、導会で降ろされる状報の正確性には本当に驚くべきものがありました。

私が初めて沖縄の地を踏んだ一九九九年三月二日、師匠の一人がこんなことを言っていました。

「今日は、大淘汰震の起きる確率が九九・九％だそうです。まだ起きていませんが、藤森さんが来たので起きないかもしれませんね」

この言霊を聞いた時、私が沖縄に来たことくらいで淘汰震が起きないということは考えられませんでした。でも「絶対に淘汰震は起きない」という強い思いが心の奥底にあったことを覚えています。当時すでに、五次元の実在界では多くの人類の淘汰を目的とした「大淘汰震」が起きていました。しかし、それを三次元の今生界に現象化するのを宇宙連合と大宇宙連合がその科学力で阻止してくれていた時期です。

少し分かりづらい話だと思いますので、まずは宇宙の構造について少しお話しいたします。私たちの住む宇宙は非常に複雑で難解な構造をしています。その難解にしている一番の要因は、私たちの「目に見えない壁」の存在です。その目に見えない壁のことを「次元（じげん）」「硬像（こうぞう）」「星光（せいこう）」と言います。

また、私たちの物質界も一つの壁（物質次元的空間距離）になっていますので、「宇宙には四つの壁」があるということになります。それらの壁を地球上で解明した科学者は一人もいませんので、地球上の科学者の言うことのほとんどは正確性を欠いたものとなっています。そのため、宇宙では地球の科学を「大欠陥科学」と呼んでいます。また、次元には「プラス、マイナス」「裏、表」も存在し、非常に複雑です。

それでは、その壁を一つずつ明らかにしてまいります。まずは「次元の壁」についてです。次元というのは宇宙における計度のことですが、表現を変えますと「自己の存在の成長段階に存在する壁」であります。簡単な例として、二〇二一年現在の地球は惑星物質次元が八次元ですが、アンドロメダ本星の惑星物質次元は十七次元になります。仮に八次元の私たちがアンドロメダ本星に行ったとしてもアンドロメダ星人に会うことはできません。アンドロメダ本星を八次元の物質次元で見た場合、大陸には活火山がいくつもあって噴火を繰り返しています。そして、惑星全体は赤く見えます。生命体の姿は見えず、惑星が出来上がったばかりの創成期のような感じです。

このように次元が違うだけですが、同じ星なのに全く違う星に見えます。このような壁を「異差次元距離」と言います。ですから、本当のアンドロメダ本星の美しさやアンドロメダ星人との直接会見のためには、私たちが浄化を繰り返して十七次元にまで到達しなければなりません。つまり、「自己の成長」が成されることで次元が上がり、壁がなくなって真実が見えてくるということです。それでは、八次元の目で見えたアンドロメダ本星は何なのでしょうか？それは、アンドロメダ本星の過去のある時点での姿です。

この「異差次元距離」という壁は「通信」にも当てはまります。皆さんは「チャネリング」という言葉を聞いたことがあるかと思いますが、そのチャネリングによる通信は、実は非常に古い状報なのです。どういうことかと言いますと、例えばアンドロメダ本星からのメッセージをチャネラーがとらえたとしても、その状報は十七次元の物質次元から発せられたもので、八次元の物質次元に降りてくるまでに何万年もかかるのです。

しかし、その何万年前の状報であっても八次元の私たちにとっては非常に素晴らしい内容になります。ところが、何万年も前の状報ですから、具体的な内容になると意味が分からず混乱が生じ、「～をしてください。～の効果があります」という通信をとらえても、何万年も前の状報ですから効果が出なかったりします。これに対して、これからの地球人類が「波動的自立」を達成するにあたり、頂く能力は「感応力」と言いまして、チャネリングとは全く異なる能力です。この「感応力」は「異差次元距離を超える能力」で、通信は常に最新のものをとらえ、それゆえに実践すればすぐに効果を実感できる、そんな能力が誰にでも備わっていきます。

次に「硬像の壁」です。硬像というのは宇宙における「密度」のことですが、この硬像を説明するためには、次元に存在する「プラスとマイナス、裏表」の話から始めないと説明がしにくくなりますので、ここでお話しいたします。

次の表をご覧ください。

2021年5月現在

| **惑星名**（裏次元（※7）名） | **惑星物質現象化次元** | **聖霊表最高次元** | **聖霊表実在界** | **聖霊表現象界** |
|---|---|---|---|---|
| 地球（田球（たきゅう）） | 8次元-8硬像 | +21次元 | +13次元 | 8次元 |
| 金星（花亜久美の星（はなあくびのほし）） | 9次元-2硬像 | -100次元 | -48次元 | 40次元 |
| アンドロメダ本星（協輪伝方無限全星（きょうわでんぽうむげんぜんせい）） | 17次元-25硬像 | -422次元 | -397次元 | 305次元 |

右記の表には宇宙の真理真実が凝縮されています。表の中に「聖霊表」という言葉が出てきていますが、聖霊表というのはそれぞれの惑星の次元構成のことを言います。なかでも「最高

次元」は、その惑星の進化レベルを計る指標となり、地球、金星、アンドロメダ本星の最高次元を比べるとその違いは明らかです。また、地球の聖霊表はプラス次元ですが、金星やアンドロメダ本星のそれはマイナス次元です。これはどういうことを意味しているのでしょうか？

そのことを説明する前に、プラス次元とマイナス次元の違いについてお話しします。まず、次元をプラス、マイナスと表現していますが、プラスが良くてマイナスが悪いという意味ではありません。プラス次元のことを「高次元」マイナス次元のことを「真次元」と言います。プラスの高次元には神仏のみが存在していて、マイナスの真次元には人間や惑星を含む、さまざまな形態の肉体を持つ意識生命体が存在しています。

すなわち、プラス次元とマイナス次元の違いは存在できる生命体の違いなのです。神仏はマイナス次元には存在できませんし、逆に人間はプラス次元には存在できません。言い換えるとプラス次元は波動的であり、マイナス次元は物質的であります。このような次元の区切りは、主に神仏の暴走を防ぐためにあります。神仏が人間の世であるマイナス次元に来てしまいますと、物質の制約なしにさまざまなことを行ってしまい、物質次元であるマイナス次元の統制がとれなくなってしまいます。

このことを理解した上で、上記の疑問についてお話しいたします。各惑星には大きく分けて二つの世界が展開されています。一つは私たちが住む地球のような「修行の世」、もう一つは金星やアンドロメダ本星のような修行の世を脱した「弥勒の世」の二つです。地球の現状は修行の世ですが、修行の世では「神仏が人間を指導する世」となっています。逆に弥勒の世では神仏は人間と同等か、もしくは人間に指導される側になっています。

神様が人間に指導される？

驚かれると思いますが、これが宇宙での真理真実です。神仏と人間の違いは肉体があるかないかの違いであり、宇宙から見れば同等の存在です。この違いが「聖霊表」に現れます。つまり、現在の地球人の魂のほとんどは、地球の実在界であるプラス十三次元にいて、最高次元に存在する「宇宙弥勒菩薩神」という神仏の指導と教育がなされ、そのことが聖霊表ではプラス次元として表されています。修行の世を脱した金星やアンドロメダ本星ではそのような神仏の指導はなく、惑星大統領のもと、神仏と大調和、または神仏の指導をするまでに進化しています。それが聖霊表ではマイナス次元の表記となります。

それでは、地球にこれから起こる「修行の世から弥勒の世に移行」する場合はどうなるのかと言いますと、プラス十三次元に存在する魂が十二、十一、十、九、八、〇、マイナス一、マイナス二……と次元移行し、所定のマイナス次元に一気に突入します。この時の反応は非常に苦しいものがありますが、全人類が乗り越えることが可能になる時期が来ます。また、八次元の次に〇次元になるという意味は、地球では八次元以下が物質次元だからです。例えば、他の惑星で同じような進化現象が起きた場合、五次元以下が物質次元であった場合は……六、五、ゼロ、マイナス一……と魂が次元移行します。

次に、裏次元と表次元について簡単にお話しいたします。現在の私たちが存在している次元は表次元です。表次元のマイナス次元に存在しています。神仏は「表次元のプラス次元」に存在しています。裏次元の存在理由は主に、「神仏の成長と進化」のためにあります。

宗教的な考え方も含めて従来の考え方ですと、ギリシャのプラトン以降、「肉体は精神（魂）の牢獄」であるとして、肉体があることで精神（魂）が不自由であるとされてきました。しかし、宇宙的視野から見ますと、肉体がないということは、実は大変大きなリスクを背負っていることになります。なぜなら、肉体がないということは物質的な制約がないということで、さまざまなことを自由に行えるために「創意工夫」＝「意識の鍛錬」をほとんどしなくなるからです。そのため、進化スピードが非常に遅くなります。現に、今の神仏の世と人間の世を宇宙的に見ますと、圧倒的に人間の方が進化スピードも早く、神仏よりも人間の方が圧倒的に優位に立っています。

裏次元は言い換えれば「神仏の修行の世」ということです。裏次元にまわった神仏は表次元では自由にさまざまなことを行っていましたが、裏次元ではそうはいかなくなります。ある意味での「波動的制約」を与えられ、何でも自由には行えなくなるのです。その自由にできない制約を経験することで、成長スピードが飛躍的に高まり、短期間で進化できる土台が出来上がるのです。

また、裏次元で修行した神仏は、全てではありませんが、肉体を持って人間に生まれ変わることもできます。そのような世界が「裏次元のプラス次元」です。裏次元のマイナス次元には、同じように人間が住んでおります。二〇二一年五月現在、裏次元の人間の世も地球と同様、争いの世であり、現在の地球以上にその争いで出される悪想念や害波動は大きなものになっています。

さて、長くなりましたが、ここまでが硬像を説明するための前置きです。これまでの説明で物質次元であるマイナス次元の説明をしましたが、そのマイナス次元（物質次元）にのみ存在するのが「亜空間」と呼ばれる「硬像」です。硬像は各次元に百三も存在しています。ですから、同じ次元であっても硬像が違うとお互いを見ることができません。そのような各硬像にある壁を「亜空間距離」と表現し、別名を「硬像壁《こうぞうへき》」と言います。

硬像壁は私たちが見ているこの世界にあります。例えば、「牛」という動物がいますが、私たち人間が八次元のマイナス八硬像の目で牛を見ると牛に見えます。しかし、別の硬像から牛を見ると牛は牛には見えず、虫に見えたり、動く石のように見えたり、天使のように見えたり、はたまた人間のように見えたりもします。これが硬像壁と呼ばれるものです。

ですから、地球上にはさまざまな生物がいますが、それぞれ同じ種類の生物は、お互いに基本的には人間同士に見えています。同じ虫同士でさえ、人間に見えているのです。また、異なる種類の生物同士は私たちが見ているようには見えてはいないのです。例えば、牛がライオンを見た時には、私たちがみるライオンとは全く違う生き物として牛には見えています。

それでは、人間は動物からはどのように見えているのでしょうか？　基本的に野生の動物、虫などもそうですが、私たち人間の姿は見えていません。ただ、気配は敏感に感じ取っていますので、私たちからすれば、こちらの姿が見えているように感じます。例外として、人間が飼っている動物や家畜、特別な命役を帯びた動物は、人間をある程度視覚化できています。それも一〇〇％ではなく、霧が集まって人間の姿になっているような感じに見えています。そのような例外が存在するのは、人間だけではなく全ての生命が意識を頂いているためです。お互いに一緒にいる時間が長くなると、意識が融合して硬像の壁を越えやすくなるのです。これが、硬像壁の真実です。

次に、「星光」についてです。星光は宇宙における「濃度」のことですが、伝導書から抜粋しますと、

「星光とは、硬像と同位、同格、同時、同次元に存在するもので、私たち地球人は比較的浅く薄い星光に位置しています。つまり、本当の星の量も見ていないし、本当の星の光も見ていないのです。別の表現をしますと、もっと星光の濃い宇宙（硬像と星光の濃密な宇宙）に行きますと、宇宙は、地球で見るほど暗くはなく輝く光の世界なのであります。やはり、そこは人間にのみ与えられた世界であり、ほとんどの神仏は、存在は許されていないのです。すなわち、人間の手によって進化させていく宇宙なのであります……」

引用した表現で「本当の星の量も光も見ていない」というところが「星光距離」と呼ばれる壁です。

このように星光や硬像が存在する宇宙は人間にのみ与えられた宇宙です。修行の世とはいえ、地球もその素晴らしい人間の宇宙の一端を担っています。「肉体が与えられていることは素晴らしいこと」ですから、そのように自覚することが今の私たちには最も重要なことです。決してこの地球は神仏だけの世ではなく、「人間が神仏と共に協力して調和を築き上げるステー

ジ」だと認識を改める時に来ているのです。

さて、話がだいぶそれてしまいましたが、前述の一九九九年三月二日、九九・九％の確率で起きる予定であった大淘汰震は起きませんでした。私が沖縄に行ったことと、大淘汰震が起きなかったことには、本当に連動性があったのです。三月以降も大淘汰震現象化の危機は何度もありましたが、私以外の方々も続々と沖縄入りをすることによって、何とかその危機を脱していたのです。従いまして、当時の沖縄への集結は「大淘汰震回避」が大きな目的の一つでもあったのです。

二十年の時を経た今、地球は大きくシフトアップし、大淘汰震現象化の危機はなくなりました。今回の仙台へのワンダラー集結は、百年後の「全人類救済」のためであり、二百年後の「全宇宙救済大拠点創造」のためであります。

このように救済活動は常に進化し続けます。次の世代に救済活動のバトンが渡れば、さらに大きな活動の進化が期待できます。

## 全人類救済

「全人類救済」は、非常に大きな目標ですが、成し遂げられない目標ではありません。念のため、「救済」に関して少し説明いたします。救済には「完全救済と救済」の二つの道があります。完全救済は魂のみではなくトピ船によって肉体までも救済されることを言います。通常の救済は魂のみの救済です。ですから、「全人類救済」と言った場合、肉体まで救済される方と魂のみ救済される方に分かれます。これは、現時点での百年後の救済法ですが、活動が進化することによって、「全人類の完全救済」となる可能性はあります。

しかし、それを実現させるには、何らかの奇跡的な出来事が起きない限り、非常に難しいと言わざるを得ません。なぜなら、たとえ百年後に多くの方が波動的自立を達成できたとしても、肉体の浄化は今以上に難しくなっていると想定できるからです。水や空気をはじめ、食材などの汚染も簡単にはなくならないと思われます。結果として肉体に邪気をため込んでしまうことになりますので、肉体の救済は非常に難しいということになります。

## 全人類救済への道

全人類救済への第一歩は「意識改革」です。今までの地球的常識にとらわれない柔軟な意識への改革が重要になります。今現在、地球人の意識を硬直化させている一番の理由は「左脳偏重の教育」です。その教育を根本的に見直さない限り、何をやっても無駄になります。ですから、これからの教育の基本は「楽心進教」という宗教とは全く異なる「根本的宇宙の教え」に従い、直観力を研究、開発する教育に大転換せねばなりません。そのような教育を「楽心業」と言います。従来の「勉強」の意味になり、以下のような内容になります。伝導書からの抜粋です。

**「楽心業」**

**1. 汗を流すこと**
**2. 前向きに行う気持ち**
**3. 気合を入れ集中すること**
**4. 楽しむこと**
**5. 発見すること**
**6. 考えること**
**7. 夢をみること**
**8. プラス思考をすること**
**9. 全脳を使うこと**
**10. 心と魂を磨くこと**

いかがでしょうか？　こんなことが学校で行われるようになるわけです。伝導書をさらに抜粋いたします。

「生徒が学校に行くことが、楽しくてたまらなくなるような時代になるのです。人間形成学習、すなわち『楽心業』では、素晴らしい人間になるためには、全て『学び』を通して指導、教育が行われることとなり、おのずと神々の存在、大宇宙の先輩達である他星人の存在が大前提になる教育が説かれていくのです」

さらに、このような教育がなされて行くことによって、大宇宙の基本的教えである「十六導（みよどう）※六人の大聖者の十の教えの意味」が実践できるようになります。

「十六導」

1. 無欲となれ
2. 自我を捨てる
3. 正導からそれるな
4. 己を知る
5. 愛を与える
6. ラリを積む
7. 神ラリを与える
8. 光を与える
9. 全宇宙を知る
10. 悟りを意る（いる）

十六導は、現在の地球人にとって実践することが非常に難しく感じるかと思いますが、心配することはありません。未来の「楽心業」を実践した子供たちは、すんなりとその教えを実践できるようになります。そして、そのような実践を続けていくうちに、もっと重要な「自分が生まれてきた意味」を発見することになり、将来に全く不安のない人生を送れるようになっていくのです。

まさに、これからの教育は「宇宙に通用する教育」へと変貌を遂げていくのです。さらに、それはそれほど遠い未来ではありません。なぜなら、これから世界は物理的変化だけではなく、精神的大激変の時代に突入していくからです。今までの誤った教えや悪洗脳からの解放を全ての人々が望んでおり、全地球人類の魂はその本来のチカラの解放を望んでおります。また、もともと地球の潜在能力は非常に高いものがありましたが、その能力がさまざまな要因で低下し続けていました。しかし、二〇一九年五月よりその地球の潜在能力が一気に目覚め始めました。それは、一億年前に「全宇宙救済大拠点」に挑戦した時の本来の地球の能力です。

地球の本来の能力が解放されたことによって、全地球人の「陽心」は超拡大、大膨張をこれから起こします。それによって、地球人がこれまで行ってきた「悪行（悪想念含む）」が自然にできない状態になっていきます。これこそ、地球の真の能力、名付けて「心力大円統一術《しんりきだいえんとういつじゅつ》」です。この地球の本来の能力の発現によって、地球人類の陽心は革命的な広がりをみせ、多くの方々が悪洗脳を解き放ち、宇宙的大調和の道を歩むようになります。そして、そのような地球の大変化にいち早く気づいた人々が連携を取り合って、「宇宙的儀式」などによって、地球社会の奥に潜む闇に光を与えていくようになります。

## ②感応講義とは

宇宙においての指導方法は、「命授、伝授、導授、教授」などにより、能力を先に与えて、その能力を磨くことによって個々人がさまざまな気づきを得ていくという方法になります。

意味がよく分からないかもしれませんが、全ては目に見えない魂の世界で行われる真実です。例えば、私に「能力命授力（能力を人に与える能力）」が備わっていたとして、皆さんにはその能力がない場合、私の魂が皆さんの魂にその能力を移植するのです。移植が終わるとすぐにその能力を使用できるようになりますが、通常の場合、それはすぐにはできません。なぜなら、左脳が邪魔をして能力の移植を信じることができないからです。私自身も最初はそうでした。

ここで、源毘空師より私への最初の伝授の模様をお伝えいたします。

師が「それでは、仙骨功を伝授します。見ていてください」と言って、師の仙骨功が始まりました。仙骨功というのは、簡単に言いますと、仙骨の動きを読みながら体を動かすことです。その仙骨功ができるようになると、そのレベルにもよりますが、自ら仙骨の調整ができるようになり、さまざまな反応（浄化、覚醒、好転、進化など）を中和できるようになります。

見ていてくださいと言われたにもかかわらず、私はすぐに立ち上がってそのマネをしようとしました。すると、師匠に「見ているだけで伝授できますから、見ていてください」と言われました。私は「見ているだけでは覚えられないぞ」と思いましたが、そのように言われたので、じっくりと見ていました。そして、伝授が終わりますと「藤森さん、もう仙骨功はできますから、一緒にやってみましょう」と言われます。私の顕在意識では「そんなこと、無理に決まっている。」と左脳で考えておりますから、案の定、最初はうまくいきません。しかし、徐々に仙骨の動きが分かってくると、何となくそれっぽい動きができるようになりました。それまでの時間は十分少々だったと思います。

これが、伝授の威力です。通常、新しい技術を十分程度でものにできるはずがありません。地球上では教えられた技術は何度も何度も反復練習をしてものにしていくもの、という「洗脳」を受けておりますから、伝授を受けてすぐにできると信じることは非常に難しいことかもしれませんが、伝授は授かった瞬間からできるようになっています。

しかし、ここで一つ疑問が生じます。それは、こんな素晴らしい術であれば、全人類に伝授すればいいではないかということです。これはもっともな疑問です。しかし、当時の私でさえ、そのような内容を理解するのにギリギリの「浄化レベル」でした。浄化レベルにはさまざまなものがありますが、地球で最も重要なものは「悪洗脳の浄化レベル」です。とにかく、今生界ではこの悪洗脳が横行しておりまして、その洗脳を解くことは容易なことではありません。

また、洗脳を解くことよりも先に、毎日の洗脳にすら気づけない方が大半です。ですから、悪洗脳が深く根付いてしまっている方に、上記のようなことをお伝えしても「何かの宗教か?」くらいにしか思えませんので、伝授しても効果はゼロです。

むしろ、そのような方々は「目の前にある真実を疑ってしまいます」ので、カルマを積むことになります。当然、そのような方々に無理に伝授をしてしまえば、それを伝授した方もカルマを積んでしまいます。ですから、伝授する方としては全人類に伝授したいのですが、それを受け取る方が準備不足であれば伝授できないということになります。

話がそれたので戻します。伝授とはそのようなものなので、左脳の邪魔さえ入らなければ、すぐにできるようになります。これが宇宙での指導方法であり、能力を頂いた方は、頂いた能力を磨き、実践することによってさまざまな気づきを体験することになります。地球上では、なかなか理解できないお話ですが、本当の話です。来たるべき宇宙時代の教育の基本は「能力を与えること」から始まります。

前置きが長くなりましたが、感応講義も伝授と同様の効果があります。ただし、伝授と違って、日常生活においての是正すべきポイントや未来の自分に必要な状報を先取りして明かされていきますので、受ける側とすれば、講義する方からの一方的知識の詰め込みではなく、「自分自身に本当に必要な状報」が講義者からもたらされるので、私が最初に講義を頂いた時はまさに「感動」でした。本当に。

ただし、その講義内容を他人に伝えたとしても、そのような感動を分かち合えることは少ないです。なぜなら、感応講義の内容は授ける者と授かる者との間でなされる「意識融合」だからです。実際に、私が初めて感応講義を頂いた翌日、他の学士さんから「藤森さん、昨日の講義はどんな内容でしたか？」と聞かれ、宇宙的な内容も出てきたので、その話をしました。私は非常に感動した内容だったのですが、その方はそうでもありませんでした。

そのようなわけで、感応講義は頂く方の魂や心が何を求めているかによって、その内容が全く異なるものになります。ただし、二人、三人と同時に講義を受けた場合は、その場にいる全員が意識融合しますので、講義内容を共に分かち合うことができます。私も感応講義をオフィスでさせていただきますが、今までに全く同じ内容が出てきたことは一度も経験がありません。同じ方が講義を受けられても毎回違う内容が出てきます。例外として、テーマを決めて講義をした場合は、ほぼ同じ内容になります。

このように「感応講義」は、その方にその講義を受けるタイミングで必要な「最新の状報」が降ろされます。そのため、授かる方とすれば常に実践しやすい内容となり、実践した時の効果は非常に高くなります。また、感応講義を受ける方にとって、いきなり難しい内容が出てきて混乱することや必要のない状報は降ろされることはありませんので、通常の知識の詰め込みとは全く違う講義になります。さらに、必要に応じて伝授がなされることなどもあり、受ける方は非常に楽しみ多い講義となります。

もう一つ、感応講義は、その内容ももちろんですが、そのような講義があることを知り、実際に講義を受けてみることで、細胞の浄化作用、陽心の拡大、意識の柔軟化など講義を受けるだけでさまざまな効果があります。通常の地球上で行われている「一般の講義」は主に左脳への詰め込みですから、そのような効果はありません。むしろ、大脳を委縮させたり、生命力を低下させたりしてしまうこともたびたび起こり得ます。

## 感応講義の本質

さて、そのような感応講義ですが、その本質を明かしてまいります。先述のように感応講義は、講義を受ける方に必要な状報を「感応」によってとらえていく講義ですが、その「感応」とは一体どういうものなのかをここで説明いたします。

感応とは、「私たちが生命活動を行うにあたって、自らを守護するための基本的能力である」と表現することができます。つまり、この能力を高めることが何にもまして重要なことになるのです。「自らを守護する能力」と表現されていますが、その意味は、「全ての人類に備わっている基本的能力」だということです。この能力が備わっていない方はおりません。ただ、現在の地球上の教育は「左脳偏重教育」なので、その感応力をほとんどの方が使用しておりません。

従いまして、多くの方が自らを守る本当の手段を見失い、不安定な精神状態と肉体の不調和（病気など）に悩まされることになります。感応力が高まりますと、自らの不調和の原因が少しずつ分かるようになります。例えば、多くの方が悩まされている「肩こり」という症状です。これにはさまざまな原因がありますが、その原因を感応で探りますと、次のような内容になります。伝導書からの抜粋です。

**1．僧帽筋の血液不全（固り）または不整（充血）による症状。これは明らかにお風呂不足と運動不足です。**

2．頚椎一番、二番の変化、変異またはかん没による症状。これは、まくらの不調和、イスの不適合、事故やケガによるものであります。
3．舌の緊張における血液不全による症状。これは主に、食毒、悪言霊、害言霊によるものであります。
4．咽頭、喉頭、へんとう腺の炎症における血流の不調（にごり）による症状
5．脳の炎症、脳細胞の変位による神経の不順と不整（リズムと強弱が悪い）による症状
6．精神（心）的ストレス、加重、または、マイナスの想念の継続における筋肉の異差（バランスの悪さ）による症状。
7．生魂障害、または、霊障害による波動筋肉の異差による症状

以上のようになります。ですから原因もつきとめないで、いたずらに対処療法を繰り返しても、駄目なのです。症状が出るということは、みなそれなりに理由があるということを念頭においていただきたい。

ということなのです。このような肩こりの原因の一部も、「感応」によって明らかになったものです。もし、肩こりでお悩みの方がいましたら、項目を一つずつチェックすることをお勧めいたします。

しかしながら、本当に重要なことは、「自らその感応力を高めること」です。感応力が高まってきますと、肩こりのみに限らず、自らに出ている症状の原因がおぼろげながら少しずつ分

かるようになります。

それでは、その感応力ですが、どのようにして高めればよいのでしょうか？　いきなり感応をすぐに取れるようになれる方はおりませんので、まずは「中心感覚（ちゅうしんかんかく）」を磨くことから始めてみましょう。中心感覚というのは、「自分に合うものと合わないものを見分ける能力」のことです。例えば、今、のどが渇いていて水分を摂りたいと思っている時、通常なら自分の飲みたいものを選択すると思いますが、飲みたいものではなく、自分のカラダに必要なものはどれかとインプットします。そして、何となくそれっぽいものが分かったら、それを胸の近くに持ってきます。すると、自分に合うものは胸に吸い付く感覚があります。逆に合わないものは胸から遠ざかります。このような感覚を中心感覚と言います。

この感覚もすぐに分かるようになるわけではありませんが、何回も練習を繰り返すことで少しずつ分かるようになります。この感覚を高める過程で、感応力も高まっていきます。中心感覚がある程度分かるようになったら、例えば、今の自分に必要な「食」は何かとインプットして「感応」を取ります。そして、胸のあたりから聞こえてくる声に注意を払います。すると、「〜〜〜が必要」、または何らかのイメージ、またはそれ以外の何らかの感覚がきますので、それを実行してみます。実行してもしっくりこない場合も多々ありますが、気にせず次から次へと感応を取り続けていくと、だんだんに感応の精度が上がってきます。

このように、感覚的能力を体得するためには「練習」を繰り返すことが重要です。本来なら感覚能力ですから、練習など必要ないのですが、私たちは左脳教育を骨の髄まで教え込まれていますので、「感覚を使う」ということに関しては、ほとんど経験がありません。ですから、その感覚能力を呼び覚ますためには、どうしても「練習」が必要になるのです。

さて、次に感応の種類についてです。感応には大きく分けまして、「心的感応」と「魂的感応」があります。まず、心的感応ですが、この感応が現在必要となっている主たる感応です。上記のように自分自身に必要なものを悟ったり、相手に必要なものを悟ったりする感応で、日常生活と密着した感応です。これに対して、魂的感応は、今私が書記させていただいている、この天空の書のように「宇宙的な状報」にアプローチしたり、カウンセリング（悩み相談）を行ったりするときなどに使用します。

どちらも重要な感応ですが、慣れてくると自然に使い分けができるようになります。

例えば、皆さんが私に「私が健康になるためには何をすればよいですか?」という質問をしたとします。すると、その答えとしてさまざまな感応が出てきます。ズバリ、「～をしてください」という答えが出る場合もありますが、「～をすればその答えが分かりますよ」という感応が出る場合もあります。

また、「その質問には感応では答えられないようです」という感応が出ることもあります。さらに、「～～をした後でもう一度講義を受けていただければ、お答えできるかもしれません」という感応も出るかもしれません。

このように感応を取るということは、質問に対してその答えを探すのではなく、「その方にとって、その質問をひもとくのに一番の方法を探す作業」なのです。カウンセリングも同様です。ですから、感応を取るということは、「感応を頂く方の成長と進化のため」の答えでなくてはならず、与える方は大脳の柔軟性を高いレベルで要求されることになります。

## 魂同士の約束

感応講義を同じ方に何度かさせていただいていますと、その方と過去世で交わした約束を思い出したり、一緒にいた時の過去の風景を思い出したりすることがあります。それは、お互いの意識融合が進んで、本質である魂同士が喜ぶことによって、その当時を思い出すからです。一種の「魂の覚醒」です。思い出す時はビックリしますが、何となくそうだろうと思っていたことが、思い出した瞬間、やっぱりそうなんだ！　と確信に変わります。親子、兄弟、夫婦、同志、師弟の関係からライバル、敵対関係などさまざまなことをおぼろげながら思い出します。

講義が進んでいくと、それらの思いが確信に変わっていき、それぞれの魂的関わり合いの深い部分が分かるようになるのです。そして、お互いの命役の遂行のためにこの場にいることを悟ります。つまり、この出合いは全人類救済のためであり、全宇宙救済大拠点創造のためでもあり、それゆえに宇宙から用意された大いなる計らいであるということでもあるのです。

少し話が大きくなりましたが、大げさなことではありません。あなたには命役を遂行するための大いなる能力が備わっています。あなたは自らの存在の大きさにまだ気づいていません。私たちには銀河をも創造するだけのチカラがあります。ですから、今の地球を全宇宙に通用する素晴らしい星に変貌させるチカラも備わっているのです。

信じられませんか？　今は信じられなくても、そのうちに信じざるを得ない状況に意識が変化していくと思います。なぜなら、この天空の書にご縁のある方は全て、全人類救済、全宇宙救済大拠点創造を志した同志であり、志願して選ばれてこの地球にやって来たからです。

全宇宙創造指導者よりの直光通信

「青盟の同志に告ぐ！」

約束の星「地球」は間もなく変貌いたします。

その変貌は「地球全人類救済」として現象化します。

全宇宙大調和時代への幕開けは「地球の全宇宙救済大拠点化」であり「大白美針大連合」という巨大な銀河連合の形成によって始まります。

私の意思を地球人類に伝え、先導することがあなた達の役目なのです。

「青盟の同志たちよ！　その任、大役なれど恐れず邁進《まいしん》せよ‼」

## ③救済拠点の命役とは

今生界において、救済拠点の命役は非常に重要な意味を持ちます。ある意味で地球人類の生命線です。これからの地球人類は百年後の「全人類救済」に向けて、徐々にさまざまな選別が為されていきます。今、生きている地球人類のほとんどが百年後には生きていません。しかしながら、今生きている人類が百年後に生きている人類に影響を与えることは確かなのです。

今現在も、救われる魂と淘汰される魂の選別作業が、知らず知らずのうちに行われています。そして、これは非常に厳しい審査で行われていました。ところが、二〇一九年の五月からカルマの法則の大幅な軽減処置がなされ、その審査も以前よりは厳しさが緩んでおります。そのため、淘汰対象となっていた多くの魂が救済されるチャンスを頂いています。なお、念のためですが、カルマというのは宇宙から与えられるマイナスポイントのことです。

「救済されるか否かの基準」は、それぞれの魂によって異なります。なぜなら、生まれてくる時に、自分自身でその救済基準を設定してくるからです。おおよその基準は、「地球上で創造された魂」の方の場合、主に「カルマの清算」が済んでいるかどうかになります。「地球以外の惑星で創造された魂」をお持ちの方は、カルマの清算はもちろんですが、自らが志願してきた「命役を果たした」か、どうかがその主な基準となります。

そのような自らの魂が設定した基準に到達しているかどうかを悟ることは非常に困難です。そこで、救済拠点が登場します。救済拠点では、その基準を自らがクリアできているかどうかを確認することができます。また、クリアできていない場合、どのようにすればクリアできるのかのアドバイスも同時に行います。

私が初めて沖縄に行った時、私は師匠の一人に「私のカルマはあとどのくらい残っていますか?」と質問しました。すると、「少しだけ残っています。」とおっしゃいました。当時はアルコールも飲んでいましたし、基本的に食べ物に対してはそれほど深い感謝もしていなかったと思います。また、想念も今よりも乱れていました。ですから、実際には少しどころか大量のカルマを持って沖縄の地に着いたはずです。しかし、実際にはそれほど多くのカルマは残っていませんでした。

これはどういうことかと言いますと、私の命役に関係があります。私の命役の一つは一九九七年に沖縄で「命授」を頂くことでしたが、実際には二年遅れました。しかし、二年遅れはしたものの何とか沖縄にたどり着くことができました。そうです、私は命役の一つである沖縄の「琉球真王國　兄弟の里」という私の「魂の師匠」達のもとに辿り着けたのです。単なる観光として沖縄に行っても意味はありませんでした。師匠達の書記された伝導書を読み、わずかでも自分が救世主かもしれないという自覚のもとでの沖縄行きでした。つまり、そのような「わずかな自覚を秘めての沖縄行き」、それこそが私に与えられた「命役の一つの完行」でした。命役の完行は、さまざまな意味での多くのラリ（カルマの反対で宇宙から与えられるプラスポイント）を積むことになります。そのために、私が積んでいた大量のカルマの多くが清算できてしまい、そのような理由から師匠の一人に会った時には、カルマが激減していたということなのです。

序章でも例を挙げてご説明させていただきましたが、何がカルマで、何がラリなのか、私たちが自らの力で悟ることは至難の業です。ですから、自らの力でカルマやラリを悟れるようになるまでは、救済拠点の存在価値は非常に重要であると言えます。ある意味で、人生はこのカルマの法則さえ熟知してしまえば、全てうまくいくと申し上げても過言ではありません。何がカルマなのか？　皆さんもそのような法則に目を向けて生きていかれると人生がどんどんと開かれていくと思います。

ここで、私が一九九九年、當山開楽師よりの感応講義で、康普全大導師から頂戴したメッセージの内容をご紹介いたします。

**「超ワンダラーとなる魂よ、よく見、よく学び、よく真似（まね）び、必ずや宇宙の法則とならん」**

このメッセージは、この書物をお読みになっている皆さまにも向けられています。二十年以上前に頂いたメッセージではありますが、今でも全く色あせない力強さがあります。

さて、救済拠点の命役は、カルマの法則をお伝えするだけにとどまらず、私たちの肉体の浄化法や目には見えない魂、心、意識の浄化法などをお伝えするのも命役の一つとなっております。もちろん、皆さまの「命役を取り戻すサポート」もそうですし、能力を命授したり、伝授したりもそうです。さらに「宇宙的な儀式」も地球上で行い、「全宇宙大調和時代の幕開け」をけん引する命役もあります。そのような命役の全ては百年後の「全人類救済」そして、二百年後の「全宇宙救済大拠点創造」のためであります。

また、全人類が救済される最終段階では、多くのトピ船が地球の上空に姿を現します。その時の地球人類は、意識も肉体も著しく進化した超人類となっています。なぜなら、超人類となるための基盤作りが救済拠点で始まっているからです。今すぐ全人類を救済することは不可能ですが、全人類が救済されるための準備を、今からしておくことが重要です。各地に救済拠点を築くことが今の私たちに与えられた使命です。よく「国家百年の計」と言いますが、今、救済拠点で行われていることは、まさに「全人類救済百年の計」なのです。

今すぐ結果が出るような単純なものではありません。現在の地球の状態では百年後といえども、全人類救済は至難の技です。しかし、私たちの活動は世代を越えます。私たちの役目は先ほども申し上げたとおり、「全人類救済のための基盤創り」であり、人類を「本救済に導くこと」ではありません。次世代こそが全人類救済、本救済へ人類を導く主役です。実際に人類をトピ船内に導き、弥勒の世を創造し、地球を「全宇宙救済大拠点」に導くのはそのさらに数世代後ということになるでしょう。

その将来の主役たちに向けて「今」私たちは布石を打たねばなりません。救済活動にとって、非常に「重要な時期」を私たちは任されているのです。

百年後の全人類救済を夢物語で終わらせないために、あなた自身がまずはここ仙台の救済拠点でさまざまな宇宙的な基礎知識を身に付け、命授や伝授によって能力を開発し、来たるべき自身の覚醒に備えることが重要です。そして、私と同様に地元に戻り、普通の生活をしながら、学んだことを必要な方々にお伝えし、共に浄化業を実践すること、それが「救済拠点の創造」となるのです。そして、これから全国的に創造されていく救済拠点の名称を「天空の学び舎（まなびや）」と言います。

思い出します。大脳の覚醒反応後、自宅軟禁状態であった私は実家の離れの物置のようなところを救済拠点としたことを——。そして、20年近く、たった一人で悶々《もんもん》としながらも黙々と浄化業を続けたことを——。

そうです、特別なことは何一つする必要はありません。仲間ができなければ一人でもいい。何か組織を作る必要もありません。ただ、学んだことを自分が必要と感じる方々にお伝えし、可能であれば共に実践するだけです。そうすれば、あなたが創造した救済拠点はどんどんと発展し、より宇宙に貢献できる素晴らしい場となっていきます。そして、やがては全人類救済が夢物語ではなく、現実のものとなる日がやって来るのです。

## ④百年後の地球　～二一二〇年前後～

二〇二一年四月、私たちの銀河に存在した封印軸が全て解放され、銀河はその能力の全てを取り戻しました。それは、全人類的に「陽心の覚醒と拡大」が連鎖的に起き始め、多くの方々が宇宙的真理真実を理解する前兆でもあります。その真理真実を目の当たりにした人々が「意識革命」の最終段階である「波動的自立」を達成する同じく前兆でもあるのです。

「波動的自立」というのは、簡単に表現しますと「自らの不調和を理解する能力である」と言えます。中心感覚、自然功力、感応力が主となりますが、その他にも人間愛力、言霊力、宇宙交信能力、風水調整能力、ヒーリング能力、リーディング能力など、宇宙的な能力のことも指します。そして、それらの能力を獲得した方々は、自らの生き方に不安のない状態、つまり、自らがその瞬間瞬間に何を為さねばならないかを深く悟り意った大調和の状態になります。「意る」とは悟った内容をすぐに行動している状態のことです。そのような方々がこれからの地球上にたくさん溢れるようになっていくのです。

特に、波動的自立を成し遂げた仙覚魂郡は「魂融合」を果たし、全宇宙創造指導者と「同魂」となり、二百年後の地球の全宇宙救済大拠点化をサポートする根源的エネルギーを放出することになります。

「波動的自立」とは聞き慣れない言葉ですが、全宇宙大調和時代にはなくてはならない重要な「境地」です。最も身近な波動的自立の例は、私たちを生まれてからすぐに見守っている「守護霊からの気づき」です。守護霊は私たちが生まれる最中に、肉体の一部が空気に触れた時から守護が始まります。母親のお腹の中にいる時は母親の守護霊が守護します。ですから、お産というのは生まれる生命（赤ちゃん）にとっては守護霊の大交代劇であり、羊水を肺の中に出し入れする胸郭運動から空気を出し入れする肺呼吸への大変化であり、狭い産道をくぐり抜ける超激痛でもあり、これはある意味で「人生最大の試練」でもあります。

つまり、「生まれてきた」ということは、その試練を乗り越えられたわけですから、その後の人生のどんな苦しい試練や気づきにも本来なら耐えられるはずなのです。また、「生きること」こそ、私たちに与えられる最初の「仕事」でもありますから、もし今、耐えられないほどの苦しみを感じている方がいましたら、その苦しみが「永遠に続くことはない」ということをご理解ください。物事には必ず終わりがあります。ましてや、あなたはこの世に生まれてきた方です。あの人生最大の試練を乗り越えてきたのですから、絶対に大丈夫です。今の苦しみは間もなく跡形もなく消え去り、その苦しんだ期間はあなたの「成長の糧」であったことを数年後には必ず理解できるのです。

さて、守護霊はそのような形で私たちを生まれた時から守護しますが、私たちが成長し、母乳から離乳食、そして通常の食へと体内に摂り入れるものが変化していきますと、その体内に摂り入れるもので調和しないものと調和するもののアドバイスを守護霊が送るようになります。守護霊は神仏のように肉体はありませんが、一定期間、守護霊としての命役を実践し終えると、人間として肉体を持って転生しますので、正確に表現すると「人間型意識生命体が肉体転生前に波動体で命役を実践している状態」と表現することができます。

人間なのに、そのような波動体での命役を実践することにはさまざまな意味があります。その多くは自らの肉体の子孫たちを守護するためです。地球人の場合、先祖が守護霊になる確率は七割を超えています。私たちの肉体は先祖から延々と引き継がれてきたものです。先祖にとって私たちは「希望の光」なのです。その意味は、私たちが大調和した生き方を実践することで、先祖もともに引き上げられるということです。

ですから、先祖は、子孫の大調和した生き方を常にサポートしてくれているのです。しかも、私たちの先祖は「集団」となっておりますから、大調和した生き方を私たちが実践し出しますと、そのサポートのエネルギーは強力で、大調和に必要な波動的、物理的なものを全て調達してくれます。この私たちを強力にサポートしてくれる先祖の能力を引き出すことが「浄化業」なのです。

それら守護霊や先祖からのメッセージやサポートを悟る能力こそ「感応力」であり、私たち全員に備わっている能力です。しかしながら、その能力を使いこなしている方はごく限られた方々になります。なぜかと言いますと、現在の左脳教育がその能力を消滅させてしまうからです。現在の教育は、私たち人間にとって重要な「直観」や「感覚」というものを非常に軽視します。あらゆる生命体はそのほとんどが本質的には目には見えません。その目に見えない生命体からの援助や気づきを感じ取るのが「直観や感覚」です。

それを感じ取れないということは、生命を育む本質的能力の欠如となりますから、常に精神的不安に陥りやすくなります。どんなに「左脳的知識が豊富でも精神的安定を得ること」とは関係がありません。つまり、現在の地球上の主に先進国で行われている教育は、直観や感覚を軽視するために、個人個人に必要な本当の「生命力強化法」や、逆に「生命力低下の原因」を教えることができません。個人個人によって強化法や生命力低下の原因は全て違いますので、同じ強化法を万人が実践しても、また、生命力低下の原因を明らかにせずに同じような処方をしても効果はほとんど出ないのです。全ては目に見えない生命体の援助のもと、それらの実践法や処方を直観や感覚を進化させた「感応」によって導き出さねばならないのです。しかしながら、現実社会はそのようになっていませんので、多くの方が「精神的不安」を常に抱くようになってしまうのです。

このような現実社会を考えますと、現在の教育は「感応力」はもちろん、その基礎となる「直観や感覚」をも非科学的として全て排除してしまいますので、個々人の肉体的、精神的「健康維持」が非常に困難なことが分かります。このような直観や感覚を軽視する教育を続ける限り、「病気」は一向に減りませんし、非常に重要な「自らが生まれてきた意味」を悟ることにも程遠い状態となってしまいます。

このような状態は、修行が終わった調和した惑星に住む人間から見ると。想像すらできない全くの異世界です。それくらい現在の地球は、宇宙的調和から離れた恐ろしい世界なのです。ゆえに、私たちの生活は「虫けら生活」と宇宙では呼ばれています。この表現を悪くとらえるのではなく、宇宙から見ると私たちはそのように見られているのだと自覚することが大事です。

そのことを理解しますと、宇宙からの地球人を称えるメッセージがいかに危険であるかが理解できます。ハッキリ申し上げますが、私たちを称えるメッセージは一〇〇%邪的なメッセージです。「あなたは素晴らしい」「あなたこそが真の勇者です」等々、宇宙からの邪的メッセージに心を奪われてはなりません。もしそのようなメッセージをとらえた場合は、私たちが出けらであるということを自覚して、メッセージを送っている通信元を分析するようにしなければなりません。もちろん、百年後の地球ではそのような邪的通信を真に受けるような方は一人もおりません。

## 洗脳

皆さんは「洗脳」という言葉を耳にしたことがあると思います。地球人はほとんどの方が洗脳されています。自分は大丈夫と安心はできません。

例えば、成人男性の一日の摂取カロリーは二千キロカロリーというのを聞いたことがあるかもしれません。その理由がもっともらしく語られていますが、実際には青汁一杯で何十年も生きている方やほとんど食を摂らずに何年も生きている方が日本にもいます。インドのヨガ行者はほとんど飲まず食わずで何年も生きています。過去のアメリカのネイティブアメリカンやオーストラリアのアボリジニ族も食事は非常に少なく、カロリーで言えば一日五百キロカロリー以下でしょう。さらに私たちが知らない未開の地で暮らす人々の多くは、一日二千キロカロリーなど摂取してはおりません。そのような少量の食生活であってもとても健康です。

このような例をみても、摂取カロリーの理論は間違っています。ところが、毎日のように「～カロリー、～カロリー、一日何十品目、一日何十品目」と呪文のようにテレビで放送されています。そうなりますと、上記の日本人やヨガ行者やネイティブなどの事実に着目しようにも、着目できなくなります。結果としてその洗脳どおりの食生活を送ることになります。

また、「深呼吸は身体に悪い」と聞いて皆さんはどのように思われますか？　今までの一般常識では、酸素を体に多く取り込むことでさまざまな良い影響があると考えられていましたが、これも洗脳の一つの例です。私たちは酸素を吸い過ぎています。呼吸量を減らすことで多くの方が健康を取り戻すことが可能です。

実際に修行の世を脱して宇宙に出ますと、食事はほとんど摂りませんし、呼吸も皮膚呼吸が基本となります。ですから、肉体を維持するのに今までどおりの洗脳情報に従った食事量や呼吸量を繰り返していますと、病気や倦怠感に悩まされることになります。この「食と呼吸の悟り」こそ、現在の地球人に最も必要な状報となります。

「波動的自立」を達成される方が溢れる百年後、そのような地球的洗脳情報はなくなり、宇宙的真実が多く知らされるようになり、食と呼吸の在り方も完全に是正されていきます。

## 教育

現在の地球上の主な先進国で行われている教育は「左脳偏重教育」です。しかし、百年後の地球ではそのような教育は全てなくなり、「全脳教育」「魂教育」が基本となり、宇宙の根本原理である「楽心進教」を理解できるような教育へと進化していきます。

これは、現在の教育制度からすると、革命的な教育転換となります。それまで否定されてきた「直観や感覚」が肯定され、それらの能力を磨く教育となり、その先にある「神仏意識能力」「大脳能力」「魂能力」等の開花に向けて鍛錬を繰り返す理想の教育になります。

全ての人が、自分が生まれてきた意味を探す作業をし、その意味を見つけることになります。その意味を見つけることによって、迷いや不安はなくなります。なぜなら、地球人が抱いている不安の多くは、「自分が生まれてきた意味が分からず」に抱いているものだからです。生まれてきた意味が分からないということは、その意味に自分が近づいていない場合、さまざまな苦痛や気づきを与えられてしまいます。その一番の例が「病気」です。

**病気**

病気の原因は、人それぞれ、さまざまですが、上記のように自分が生まれてきた意味を実践できていないために起こる病気がほとんどといっても過言ではありません。病気は、自分が生まれてきた意味を実践すること以外に、治る道は基本的にありません。

ここで、人間が生まれてくる意味を伝導書から抜粋いたします。

**人間が生まれてくる意味**

**1. 魂を成長させるため**
**2. 使命、命役を果たすため**
**3. 進化のため**
**4. カルマを清算するため**
**5. 地球の調和のため**
**6. 自らも意識改革を行うため**
**7. 神々（宇宙）との一体感を得るため**

この七項目になります。これら人間が生まれてくる意味を実践できれば、病気の進行度にもよりますが、確実に病気は癒やされていきます。

また、人間が生まれてくる意味の全七項目は「正しい生活」を実践することで達成されます。

同じく抜粋いたします。

正しい生活

1．正しいお風呂に入ること
2．正しい食道徳を知ること
3．正しい心のあり方を行うこと
4．正しい家族の関係を作ること
5．正しい土地に浄化すること
6．正しい家に安住すること
7．あとは正しい行（ぎょう）を行うこと
①正しく見る（映画、テレビ、読書）
②正しく聞く（音楽）
③正しく話す（プラスの言魂を発すること）
④正しく書く（手紙、はがき）
⑤正しく意る、悟る、知る

いかがでしょうか。これが「正しい生活」です。

生まれてきた意味を知ることと、それを達成する方法を知れば精神は安定し、生きることに希望が持てるようになります。だまされたと思って、お風呂に一日三回入ってみてください（入浴時間は短くてもよいです）。数カ月すると、目に見えない「波動」を感じとる能力が著しく向上していることに気づくはずです。自分が生まれてきた意味を知る第一歩は、意外ですが、「お風呂の正しい実践」なのです。

そして、正しいお風呂が実践できてきますと、自分の頂く「食」を理解できるようになります。食を理解するとは、自分に合うものと合わないものが少しずつ分かるようになるということです。食も波動ですから、個々人に合うか合わないかの合性があります。

現在の地球ではその合性を無視して、カロリーという基準や波動ではなく特定の栄養素のみに着目しています。これは非常に危険です。どんなに栄養素が豊富な食でも自分との合性が悪ければ、食すほど体調は悪くなります。また、カロリーに関しても、その基準は先にも書記させていただいたように、ほとんど意味がありません。カロリーがほとんどないような食であっても「感謝していただく」ことによって波動は非常に高まりますので、少量でも肉体を十分に維持することは可能なのです。

さらに、その食が自分に合っているものであれば、さらに少量で十分です。病気の大半は「過食」によって引き起こされます。試しに、原因不明の倦怠感のある方は、一日だけのプチ断食をしてみてください。その効果に驚くことと思います。

私たちは幼い頃から「とにかくなんでも食べなさい。食べないと大きくなれませんよ」と呪文のように何度も何度も言い聞かされてきました。しかし、残念ながらそれは誤りなのです。むしろ、常に小食で、頂いた食材に最大の感謝をすることこそ重要なのです。それによって初めて「病気」から解放されていきます。もし今、病気で苦しんでおられる方がおりましたら、すぐに食事量を減らすことです。

「しっかり栄養を摂って」という言葉は誤りです。自然界を見てください。動物たちは具合が悪くなると絶対に食べません。なぜなら、食べてしまうとエネルギーが消化にまわってしまうからです。消化にエネルギーがまわってしまいますと「自然治癒力」にエネルギーが回らなくなり、回復までに非常に時間がかかってしまうのです。ですから、小食が健康回復の一番の近道なのです。

このように、お風呂と食を正しくするだけでも十分な効果を実感できます。効果を実感できますと、将来に不安が全くなくなります。それによって心の在り方も正常になります。つまり、陽心を前面に押し出せるようになるのです。

百年後に向けて、世界的にこのような理想の教育が徐々になされていきます。そして、将来に不安が全くない世界となり、全人類が救済されるにふさわしい心の状態となることで、地球人類の救済は最終局面を迎えます。

その救済のポイントは重複しますが、意外にも「お風呂の正しい実践」から始まるのです。

「波動的自立」の第一歩である「お風呂」は、ストレス社会で生きる私たちにとって、「能力開花法」の一番の方法でもあるのです。

## ⑤仙骨、蝶形骨《ちょうけいこつ》の重要性

皆さまは「仙骨《せんこつ》」という骨をご存知でしょうか？　仙骨は背中側からみると、骨盤の中央、尾てい骨の上にある骨です。この仙骨には、実は驚くべき役目が隠されているのです。伝導書より抜粋いたします。

**仙骨の役目**

**1. 全ホルモンの司令塔**
**2. 全神経の司令塔**
**3. 全骨格の司令塔**
**4. 全筋肉の司令塔**
**5. 全血管の司令塔**
**6. 全皮膚の司令塔**
**7. 全体液の司令塔**
**8. 全血液の司令塔**
**9. 全体毛の司令塔**

## 10. 体温の司令塔

ということになります。

この仙骨の役目が明かされたのは一九九四年のことです。当時沖縄では「生命自然医学」という「地球上に大小二百六十あると言われる医療術を全て統合、融合、発展、進化させた医学」が康普全大導師によって開かれました。生命自然医学では、医学としては当たり前のことですが、さまざまな症状の原因を全て特定します。原因が特定できますから、あとはその原因を取り除けば症状はなくなっていきます。医療の本来あるべき理想の姿がそこにあります。

ところが、現在の西洋医学はそのようにはなっていません。「原因を特定せず」出た症状を抑える「対処療法」が主流です。そのため、治る症状にもかかわらず、かえって症状を悪化させてしまう場合が多いのです。

これからの医療は、「仙骨の役目」を理解することが重要です。なぜなら、上記の十項目の役目があるからです。その役目を理解できれば、仙骨の調整なくして健康はあり得ないことは一目瞭然です。仙骨を無視していては、良い医療を患者さんに施すことはできません。ですから、医師の方々は自らの襟元を正す必要があると思います。

医師の言うことを絶対的に考えている方が多いと思いますが、現在の西洋医学は「欠陥医療」と表現してもおかしくはないほどです。事実、毎年、何万人、何十万人という方が自らの寿命が来る前に亡くなっています。たまに、テレビなどでガンから西洋医学で生還した人のことなどを取り上げていますが、実際のところはそのような人はごく少人数だと思います。

西洋医学が病気の多くを完治できないのは、「仙骨」を無視していることが一つの要因です。また、病気を根本的に治すための食の在り方、お風呂の入り方なども重要視していません。ですから、今の医学部で行われている教育は「病気の原因を特定してその症状を根本的に治す方法」ではなく、「病気の種類を覚えてその症状を抑えること」を教えられているようなものです。

もし、根本的に症状を治すとなった場合、目に見えない魂、心、意識、波動体、氣、チャクラなどはもちろんですが、症状を患っている方の「食道徳の在り方」「お風呂の入り方」「水分補給の在り方」なども重要視せねばなりません。それらを総合的に判断しながら、症状の原因を一つずつ取り除き、患者さんの生命力の回復を促進することが重要なのです。

話を戻しますが、その重要な仙骨をいかにケアしていくか、それが病気予防と健康を維持するための最も確かな方法なのです。その方法をこれからお伝えしていきます。その前に、仙骨の調整で劇的に回復された方の事例を何例か挙げさせていただきます。

以下は私の患者さんの事例です

## 1）三十代女性：十五年に及ぶ頭痛

この方は十五年前に、野球のボールを頭にぶつけられてしまい、それが症状の直接の原因でした。検査をすると頭、首、胸を中心に痛みがありました。仙骨にも痛みが生じており、頭にボールをぶつけられた時に仙骨も同時にズラされたようです。仙骨は基本的にどのような衝撃に対してもクッションの役目を果たすので、仙骨から遠い部位に衝撃を受けたとしても必ずズレます。

その仙骨ですが、調整法は非常にソフトなので、幼児から九十代の方まで幅広く施術が可能です。また、仙骨の調整は仙骨のみを触るわけではなく、仙骨のズレによって体の特定のポイントに出る痛み、この痛みのことを「反射」と言いますが、その反射を含めて体全体を触診、施術します。このような施術をすることで、極端な場合は仙骨にほとんど触れることなく仙骨の調整が終わる場合もあります。施術が終わり、もう一度痛みが出ている「反射」ポイントを触れますと、ほとんどの方が、痛みが消えたり、軽減したりしていることを経験します。このようにして何回か施術を受けていただくことで症状が徐々に回復していきます。

この女性の場合、十五年間さまざまな療法を試し、一時的に良くなったりはしたようでしたが、症状が何回も繰り返し出てくるということでした。仙骨整体を五回程度受けていただいた頃には、症状がほとんど出なくなりました。施術終了から今年（二〇二一年）で六年が経過しましたが、再発はしていません。ご本人も非常に喜んでいます。ただ、二〇一八年に雪道で転んだということで一度来院されましたが、仙骨の状態が良かったのでその症状もすぐに治まりました。今は数カ月に一回メンテナンスで来院されています。

**２）女子中学生：生理痛と両肩のズレ（プロポーションの悩み）**

この方の症状は、問診の結果、「お風呂不足」によって出ていることが判明しました。お風呂はいつも湯船には漬からずにシャワーだけという生活をした結果「氣血の巡りの回復」「へそからの食毒の排出」などの効果が得られず、「腸」を中心に大きな負担を背負うことになったのです。その腸の近くには子宮がありますので、腸の負担は子宮も分担することになります。そのために生理痛がきつくなっていました。また、腸の近くには仙骨もありますので、腸への負担が結果的に仙骨をズラす原因になり、そのことで胸骨や首の骨にまで影響が出て、プロポーションも極端に悪くなっていたのです。この方の場合、整体は三回程度施術しましたが、お風呂を湯船に漬かるように変えましたら、急激に回復し、プロポーションも良くなりました。お風呂の実践は非常に重要です。

この方とは関係がありませんが、腸への負担から症状を悪化させている方は非常に多いです。腸への負担はお風呂不足だけではなく、主に「食べ過ぎ」によるものがほとんどです。よく年末年始にぎっくり腰のような症状で来院される患者さんがいますが、たいがい、その痛みは腸への負担から来るものです。腸を中心に「内臓マニュピレーション」という手技を施しますと、同時に仙骨も柔らかくなるので、ぎっくり腰のような症状はほとんどの場合なくなります。

**３）四十代男性：五年に及ぶ目の異常な疲れ**

この方は、直接の原因がはっきりしませんでしたが、検査の結果、仙骨と胸骨にズレが見つかりました。三回ほど通っていただくことで症状はほぼ出なくなりました。

このように原因がはっきりしない場合、上記でも取り上げた「食べ過ぎ」が原因というのが多いですが、その他の原因としては、記憶していないような小さな肉体への負担（頭をぶつけたとか、つまずいたとか）の「蓄積」、そして同じく小さな精神的ストレスの「蓄積」なども原因となり得ます。また、ソファで寝たり、うつ伏せで寝たり、寝る時の姿勢も仙骨をズラす原因になります。

## 4）九十代女性：二十年に及ぶ腰痛

この方は、三十年前に盲腸の手術をしていました。その手術を執刀したのが新人の外科医だったようで、あまり上手な手術ではなく大腸に大きな負担が残り、結果的に仙骨が大きくズレてしまったのです。それが腰痛の直接の原因でした。

手術に関して言いますと、手術をするとたいがい仙骨はズレることになります。同時に手術後に傷口が治る過程で、「筋膜《きんまく》」という薄い膜が皮膚の下にありますが、その筋膜がねじれながら傷口が治ることが多く、その「ねじれ」のためにさまざまな症状が出てくる場合があります。

この方の場合も、手術した付近に「筋膜のねじれ」もあったので、仙骨の調整と同時に、そのねじれも解消しなければ症状は良くなりません。しかし、そのねじれを取るのは高齢ということもあり、非常に難しいと判断し「肝湿布《かんしっぷ》」という方法も取り入れて、その解消を目指したところ、劇的に良くなりました。整体の回数は五回程度でしたが、本人以上に周りの方々が一様にビックリしていました。もちろん、私もビックリしました。

「肝湿布」という方法は今から百五十年以上前に考案された方法で、布に「ひまし油」を含ませて肝臓付近を温めるという方法です。実は、痛みの多くが肝臓の機能を高めることで解消できます。なぜなら、肝臓は血液を浄化する機能もあり、その機能が低下しますと、血液中の老廃物が非常に多くなってしまうからです。その老廃物は痛みの出ている部位にとどまってしまい、痛みをより強く感じさせる原因となるのです。ですから、肝機能を高め、その老廃物を少なくすると痛みが激減する場合が多いのです。

当時書かれたアメリカの医学書を少し読んでみましたが、実例として、脳梗塞で半身不随になった人が、肝湿布を二十分ほどしたところ、たちどころに良くなったということが書かれてありました。全ての人がそのように回復するわけではないと思いますが、脳梗塞の後遺症を治せるくらい、肝臓の機能は重要だということです。しかし残念ながら、今現在では、アメリカでもそのようなことをする医師はほとんどいないと思います。

また、肝機能を回復させる方法で一般的に良いものは、「レモン汁」を朝晩に五〇ccほど水で薄めて飲むことです。ただし、レモンが体質に合わない方もいます。そのような方はオレンジなど、他の果汁で試してみることをお勧めいたします。

### 5）三十代女性：股関節痛

この方の場合、股関節そのものではなく、子宮靭帯《じんたい》が何らかの原因でねじれ、そのために仙骨がズレたことが直接の原因でした。電話口では、病院から痛み止めを処方されて飲んでいるということでしたが、その薬は逆効果になると感じましたので、その薬をやめて来院してもらいました。そして、ほぼ一回で症状は解消しました。

病院から出される薬やさまざまな処方を信じ切ることは非常に危険です。西洋医学的な薬は、そのほとんどが石油から作られたものです。よほどのことがない限り「飲まない選択」をしたほうが賢明です。実際に薬を処方している方は、処方していない方に比べて整体の施術効果が出にくくなります。なぜなら、肝臓に悪影響が出るからです。薬は基本的に私たちの肉体にとっては「効果」以上に「毒」にもなります。一時的な処方なら問題ないですが、長期的な服用はどんな薬であっても「やめる選択」を考える必要があるでしょう。

他の項でもお話ししましたように、薬よりも「ファスティング（断食）」のほうが断然、効果があります。痛みが出たら「病院や薬」ではなく「食事を減らす」ことです。できれば数日間、「ファスティングをする」と意識をしてみてください。そうすれば、少しくらいの痛みであればたいがいは良くなります。

### 6）五十代男性：坐骨神経痛

この方は、二十年前に大きな交通事故を経験していました。二十年も前のことですが、その事故によって仙骨の左側の動きが極端に鈍くなったことが直接の原因でした。仙骨への集中的施術によって、五回ほどで症状はなくなりました。何十年も前に受けた肉体へのダメージですが、痛みはなくなってもその衝撃が仙骨に残る場合があります。その仙骨に残ったダメージが原因で症状が出ていたのです。このような症例は非常に多いのです。

さらに、過去に何らかの肉体的、精神的な強いダメージを受けられた方は仙骨だけではなく、目には見えませんがチャクラにも大きな影響を受けている場合が多いです。その場合は「仙骨チャクラヒーリング」をお勧めしています。ヒーリングの場合は、チャクラの他に各臓器の氣的状態も検査し、今生界的過去だけではなく過去世で受けたダメージなども必要に応じて取り除きます。

以上が仙骨の重要性を示す事例です。

さらに、以下のような特殊な事例もあります。特殊と言いましても、生命自然医学からみれば「原因を特定する」という意味では当たり前のことなのですが、一般的には少しビックリする内容です。

## ケース１：首の異常なこり

この方の場合、身に着けている「腕時計」が全く調和していませんでした。そのため、腕時計を身に着けることで全体の血流が悪くなっていたのです。腕時計を外していただいたところ、すぐにそのこりがなくなりました。

このようなアクセサリーの不調和はかなり多いです。ネックレスを外した瞬間に良くなった方、指輪を外したら良くなった方などさまざまです。仙骨を調整しますと、自らに調和したものを徐々に選択できるようになっていきます。

## ケース2：ぎっくり腰

この方が来院した時は、歩くのがやっとという状態でした。施術中に「果物不足」という感応が出ましたので、そのことをお伝えすると、やはり果物はほとんど口にしないということでした。果物を摂るようにお勧めして、三日後に再度来院していただきました。するとどうでしょう。あの歩行困難な状態からわずか三日しかたっていないのに、ぎっくり腰がほぼ完全に治っています。

食の重要性は、こうした事例から見ても言葉では言い尽くせません。

特に仙骨自体にズレがあると、自分に足りないものや逆に過剰に摂りすぎているものが分かりづらくなります。

この方の場合は、過剰な果物不足が長期的に続いた結果、最終的には仙骨をズラしてしまったものと思われます。ですから、その過剰な不足を一氣に補ったことで劇的に回復されたのです。

### ケース3：十年に及ぶ頭痛

この方は、慢性的な頭痛に十年以上悩まされていました。問診をしたところ、飲み物が調和していないことが判明しました。この方はウーロン茶を毎日飲んでいるということでしたが、そのウーロン茶がその方には全く調和していなかったのです。そのため、ウーロン茶を飲むたびに舌が緊張（合わないものを口にすると舌が緊張します）し、その緊張のために首から頭部にかけて痛みが出ていたのです。ウーロン茶をやめて仙骨整体を二回ほどすると、症状はなくなりました。十年悩んだ症状が十日で完治した事例です。慢性的な症状でも原因が特定できると、このように劇的に回復する場合もあります。ただし、慢性症状の場合は、その症状の原因と蓄積状況によっては、施術期間が長くかかる場合もあります。

こうした特殊な事例であっても「原因となっている不調和」が仙骨に悪影響を与えています。そのために出てくる症状です。それだけ「仙骨」という骨は肉体全体の司令塔の役目を担う重要な器官であるということです。

次に、その「仙骨のケア法」をお伝えいたします。伝導書から一部抜粋します。

## 直接的方法

### 1．靴の選び方

### 2．足（くるぶしから下）のケア

## 3．その他

まず、「靴の選び方」ですが、これは非常に重要です。あまり一般的な方法ではありませんが、素足で道を歩くようにすると、基本的に足腰の痛みはほとんどの場合なくなります。その意味は、それだけ私たちが履いている靴の多くが調和されていないということです。靴選びのポイントは、値段やファッション性などの「欲的」な基準ではなく、自分の足に調和しているかどうかで選ぶようにするとよいでしょう。

また、さまざまなシューズメーカーの中でも試していただきたいのは「Ｏｎ（おん）」というスイスのシューズメーカーです。このＯｎというメーカーですが、開発している方々が宇宙的命役を担っている方々が多いので、このメーカーの靴は多くの方に合うと思います。もちろん、それ以外の靴でも自分に調和していれば問題はありません。

次に、「足（くるぶしから下）のケア」については、一番の方法がオイルマッサージです。毎日自分に調和したオイルで足をセルフマッサージすることで、「仙骨機能が回復」して体調が整いやすくなります。これは、仙骨と足が非常に密接なつながりがあることを示しています。簡単に表現しますと、仙骨より下の部位は全て仙骨なのです。ですから、足もそうですし、ふくらはぎ、太ももも仙骨機能の回復という意味では非常に重要な部位となるのです。

最後に、三番目の「その他」では、以下が仙骨ケア法の直接的方法となります。

①お風呂に入った時、塩（粗塩）で仙骨をマッサージすることも効果的です。その時に使用す

る塩は、沖縄の「ぬちまーす」というパウダー状の塩がお勧めです。

②仙骨シャワー：仙骨に温かいシャワーを毎日三十秒だけかけます。これも続けると非常に効果的です。

次に、間接的方法をご紹介します。

**1．食事の量を減らす**
**2．断食をする**
**3．食に対する意識を変える**
**4．お風呂に回数を多く入る**
**5．水分の質と量を調和させる**

1、2につきましては、仙骨ケアの間接的方法の代表的なものです。「過食」が原因で症状が出ている方が非常に多く見られます。仙骨と腸は物理的に非常に近くにありますから、過食による腸へのダメージが仙骨にも大きな影響を与えます。つまり、「食毒」を頂いた結果、それが腸を介して仙骨に悪影響を及ぼしてしまうのです。また、過食は食物がのどを通る時に首の骨にも影響が強く出ます。施術を行う前には、カラダ全体をくまなく検査（触診）しますが、その時に多くの方に見られる症状が、下腹部の緊張と首や後頭部の痛み、耳の下にあたるアゴの痛みです。これらはそのほとんどが食べ過ぎや自分に合わないものを摂取していることによ

りますが、

って起こるもので、食事の量を減らしたり、一時的に断食したりすることでほとんどは良くなります。

三番目の「食に対する意識」というのは、「美食」「グルメ」という意識への警告です。食事を楽しむということを全否定するわけではありませんが、最低限、私たちは動物植物鉱物の犠牲の上にこの肉体を維持できています。毎食、それらの生命に「犠牲になってくれてありがとう」という意識を持つだけで、食から頂く毒をかなり浄化できます。際限のない美食追求は、自らの肉体の不調和となって現れてしまいます。

次に、四番目の「お風呂」については、波動的食毒をへそから浄化できますので、湯船にしっかりと浸かって、かつ、その回数を多くしてください。シャワーだけでは食毒は浄化できませんので、必ず湯船に浸かることです。また、目に見えないストレスという邪気もお風呂で浄化できますので、非常に重要な業です。前述しましたが、試しに一日に三回入ってみてください。一日一回との差をはっきりと認識できると思います。

五番目の「水分の質と量」についても、多くの方が誤った情報のもと、体調不良（仙骨の硬化）を招く摂り方をしています。その筆頭がコーヒーです。コーヒーについては多くの方に実践していただいていますが、体調不良がある方の場合、コーヒーをやめることで劇的に体調が良くなる場合があります。これは何を意味しているかと言いますと、コーヒーは最近のテレビではさまざまな良い影響があると報道されています。確かにそのような良い部分もあります。

しかし、コーヒー豆から作られたコーヒーの多くには「肝臓機能の低下を招く」成分が入っています。ですから、コーヒーが体質に合わない方にとってはプラス面よりも圧倒的にマイナス面が大きいのです。ただし、コーヒーが調和している方の場合は例外です。調和している方がコーヒーをやめますと、「便秘」になります。コーヒーを飲んでいる方で体調不良を感じる方は、まずはコーヒーをやめてみることをお勧めいたします。

また、コーヒーと並んで多いのが牛乳です。牛乳も体調不良を感じる方は控えた方が無難です。カルシウムが気になるのであれば、野菜や海草で十分摂れますので、牛乳以外に切り替えてみることをお勧めいたします。

水分の量についても不足している方が圧倒的に多いです。まず、一日に必要な水分量は個人差がありますが、だいたい二リットルくらいです。体調不良を感じる方は水分の量を増やしてみてください。朝起きてから夜寝るまでの間に二リットルの水分をできるだけ摂るようにお勧めいたします。朝は必ずコップ一杯の水を取り、その後はなるべくこまめに摂ることと、飽きないようにジュースや炭酸、果汁なども含めてさまざまな水分を摂るのがコツです。さらに、お茶なども一種類のみ頂くのではなく、さまざまなお茶を頂くことで解毒がしやすくなります。

## 蝶形骨

蝶形骨は仙骨と同様、非常に重要な骨です。蝶形骨の位置は両目の奥の方で、蝶のような形をしているので、その名前があります。仙骨は全体の司令塔としての役目がありましたが、蝶形骨にも重要な役目があります。蝶形骨の役目は以下のようになります。

**1．仙骨負担の軽減化**
**2．仙骨の補助と補完（仙骨とは陰陽関係となります）**
**3．陽心思考の補助（陰心の抑制）**

蝶形骨は仙骨が受けるさまざまな物理的、精神的ストレスの緩衝材的役目を果たしつつ仙骨を補完していきます。さらに陰心の抑制にも働き、陽心思考を促す役目もあります。

蝶形骨を護るアイテムとしてはメガネ、ネックレスなどが代表的なものです。また、蝶形骨を活性化しますと陰心が抑えられます、蝶形骨を活性化する方法として以下が代表的なものとなります。

**1．さまざまなジャンルの音楽を聴くこと**
**2．アクセサリーを調和させること**

1の音楽については、多くの方が好きなアーティストや好きなジャンルばかりを聴く傾向にありますが、それではいけません。音楽も食事と同じようにバランスが重要です。さまざまなジャンルの曲を聴くようにしましょう。そうすることで大脳が柔軟になり、直観力も鋭くなっていきます。また、体調不良も聴く曲のバランスの悪さで起こることもあるので注意が必要です。

2のアクセサリーは見た目で選ぶのではなく、自分に調和しているかどうかを選ぶ基準にしましょう。調和しているものを選べた時は、アクセサリーを胸に持ってきた時に温かく感じ、自分に吸い付くような感覚がきます。さらに選ぶ時に「自分に調和したもの」とインプットして選ぶことも重要です。インプットして選ぶ行為は、インプットせずに選んだ時に比べて「同じもの」を選んだとしても絶対的に調和レベルの高いものになります。意識の力は私たちの想像以上に強いものなのです。

以上のように、仙骨と蝶形骨は、今後の医療には欠かすことのできない重要な器官でありま す。ですから、「仙骨、蝶形骨」の重要性は、地球上においては「脳」の重要性をはるかに凌ぐものであり、その重要性を特に医師の方が早急に悟ることで、病気や体調不良で苦しむ多くの人々に希望を与え、生きる勇気を与えることができるようになるのです。

**全宇宙創造指導者よりの直光通信**

**「医師の命役を帯びし者たちよ　その胸にそっと手をおき　省みよ」**

## ⑥風水を悟る：著者の体験談

### 体験談1（アンケート結果）

当オフィスでは、お客様から施術のアンケートを頂くことがあります。

今から十年以上前の二〇〇八年頃だと記憶していますが、私と男性スタッフの二人でお客様の施術に入った時のお話です。通常どおり、アンケートを頂きましたが、私たち二人への評価がどちらも非常に悪かったのです。私とそのスタッフは「そんなに悪いアンケートをもらうような内容ではなかったぞ！」と二人で顔を見合わせました。

そこで、二人で反省会をしましたが、接客や施術でのマイナス点に思い当たる点がほとんどありません。ただ、一つだけ原因になり得ることがありました。それは、前日に玄関前の風水の乱れをそのままにして帰ったことです。男性スタッフは「あれしかないですよね。院長！」という目で私を見ます。なぜなら、私が風水の重要性をいつも彼に言っていたからです。私自身もそれしか原因が考えられませんでした。

その経緯はこうです。いつもオフィスでの業務が終わると、オフィス前に出している看板も一緒に玄関の中に入れています。そのアンケートを頂いた前日も看板を中に入れましたが、その時に看板の上に置いていた鉢植えが落ちてしまい、玄関先が土で汚れてしまったのです。しかし、その日の帰りはかなり遅くなっていて、ビル自体のシャッターが閉まる時間も迫っていましたので、その玄関先の汚れをそのままにして帰ってしまったのです。乱れを修復する時間はギリギリでもあったと思うのですが、それをせずに帰ってしまったのでした。

そんなことがアンケートに出る？　自分の勘違いではないか？　お客様に本当は大きな不快感を与える何かがあったのではないのか？　確かにそのとおりかもしれません。悪いアンケート結果に関してこの書記をしている今（二〇一九年七月）感応で探ってみます。そうしますと、前日の風水の乱れに関しての原因は七〇％、残り三〇％は施術、接客の不十分と出ました。やはり、風水の乱れだけではなく、施術、接客にも問題があったのです。さらに、当時十分な反省ができなかった原因を探ると「浄化不足」と出ました。

当時は仕事が非常に忙しく、浄化業は徹底して行っていたつもりでしたが、十分ではありませんでした。思い出してみますと、その頃の私は「怒りっぽい」「スタッフに対して常にイライラする」「常に眠気がある」など、浄化不足によって精神的安定を欠いていました。妻ともいつ離婚するかというくらい、険悪なムードが常に漂っていたように思います。私がそのような状態でしたから、ある時、妻が私の師匠である源毘空師に電話で相談をしました。すると、師匠が「ご主人は浄化不足です。お客様から頂くさまざまな波動を十分に防御できていません」とおっしゃったと私に言ってきたのです。

自分では十分な浄化をしていたつもりでしたが、師匠からの一言で、その日から一日二回のお風呂を三回に増やすことにしました。お客様から頂く波動を一〇〇％全て防御することは、仕事の忙しさを考えると不可能だと判断し、その代わりにお風呂を多くすることで、浄化不足に対応しようとしたのです。

お風呂を二回から三回に増やすということは、私の一日の仕事時間を考えますと、非常に厳しい選択でしたが、朝起きてすぐに入る、掃除をしてからもう一度入る、そして夜に入るというサイクルで臨んでみました。このサイクルは、私にとってはこれしかできなかったのでそうなりましたが、数週間後には、徐々に精神が安定してくるのを感じました。最初の沖縄行きからすぐにお風呂を三回にできていれば、浄化不足にはならず、お客様や家族にも不快な思いをさせずに済んだかと思うと心が痛みますが、私にとっては非常に大きな学びになりました。

さて、残り七〇％の風水の乱れについてですが、結論を言いますと、風水をしっかりと整えて帰っていれば、二人が顔を見合わせるくらいの悪いアンケート結果にはならなかったと思います。

実は「風水の乱れ」というのは、日常生活にかなりの悪影響を及ぼします。なぜなら、風水（この場合は環境風水）は私たちの肉体と陰陽関係にあるため「風水の乱れ＝肉体への悪影響」となり、何らかの形でその悪影響を肉体が受けねばならないからです。さらに、肉体よりも風水が優先されますので、どんなに健康な方であっても住んでいる自宅の風水に乱れがあると、後々必ず何らかの悪影響が出ます。その悪影響が「風水の乱れ」だと気づいて調整できればよいのですが、ほとんどの方は気づかないと思います。風水の乱れによって起こる体調不良は風水を整えない限り良くなりませんので、長期にわたって風水が乱れ続けると最終的には病気がちになってしまいます。

ですから、風水というのは、私たちの健康や運氣にとって非常に重要な要素となるのです。また、広い意味での風水は「宇宙の営み」そのものを現しますので「風水を整える」事は「日常生活を大調和」させる基本的要素の一つでもあるのです。

風水とはそれくらい重要なものです。風水に関してはこれまでさまざまなことが言われてきましたが「真の風水師」という方は非常に少ないです。大体が統計学を基にした知識であって、波動である風水を本当に理解している方が少ないのです。しかし、これからは真の風水を理解できる方が飛躍的に多くなります。救済拠点でも沖縄発の「風水全相学」を学べますし、「能力命授」や「ウルトラヒーリング」など必要に応じて風水を理解するためのさまざまなツールがあります。これらは「全人類救済」と「地球全宇宙救済大拠点化」に向けて、全宇宙創造指導者より与えられた「大いなる光」でもあるのです。

このように風水を深く学んでいきますと「アンケート結果と風水」という全く何の関係もないようなことでも、その二つの間にある「密接な関係性」が理解できるようになります。多くの場で風水と皆さまの日常生活は密接につながっています。つまり「風水を悟り」その乱れを改善することで、日常生活の不調和の多くが改善されるのです。

## 体験談２（沖縄：感応講義）

その時、私の師匠の一人である源毘空師が「大脳の動きが止まりました」とおっしゃいました。隣にいた當山開楽師が私の左足の靴ひもを緩めるようにアドバイスを下さり、私はそのとおりにしながら同時に水分も摂りました。その後、しばらくしてから講義が再開されました。師は「大脳停止は非常に恐ろしいことなんですよ」とおっしゃいましたが、当時はその意味がよく分かりませんでした。

実際、その場で起きたのはこういうことです。私の左足の緊張や水分不足が、講義を受けていた場の風水に大きな悪影響を与えてしまったのです。私たちの肉体も、実は風水の一部です。その肉体から発せられる不調和の波動が、直観を受け取る器官である大脳を緊張させ、直観を受け取れない状態にしてしまったのです。

この経験を今、感じ取ってみますと、私の未熟さもそうですが、私に風水の重要性を伝授するために起こされたものでもあったような氣がします。師匠たちはいち早くそのことを悟られて、私の不調和に対処されたのです。

## 体験談3（奇跡のトイレ掃除）

最初の沖縄行きから数年後だったと記憶していますが、私はあるセミナーで以下のような内容の話を聞きました。

「ある会社の社長さんがトイレ掃除をすると売り上げが伸びたり、運氣が上昇したりするということを聞いて、すぐに実践に移します。ところが、一カ月たっても、三カ月たっても、一年たっても売り上げが伸びる気配がありません。社員も社長が率先してトイレ掃除をしているというのに、一緒にやる人が一人も出てきません。

社長はトイレ掃除を教えてくれた人に、そのことを言いました。すると、その方は『そんな心の在り方（売り上げをあげたい、社員にもやってほしい等）では効果は出ません。私が言いたいことはあくまでも見返りを求めず、自分自身の心を磨くためだけに、一生懸命にトイレ掃除をするということなのです』と言うのでした。

それを聞いた社長さんは今までの自分の心の在り方を変えて、トイレ掃除を何の見返りも求めずに行うようになりました。

するとーカ月後、一人の社員から『私にもやらせてください』という申し出がありました。社長は一年以上トイレ掃除をしていて、一人もやる人が出てこなかったのでビックリしました。その社員を皮切りに、また一人、また一人とトイレ掃除をする人が増えていき、一年後には社員の半数近くの人がトイレ掃除を自ら進んでするようになったそうです。もちろん、会社の業績も大きく伸びたということです」

この話をしてくれた講師の方がさらに言います。「このような話を聞いても、トイレ掃除をする方はこの中でも一名か二名くらいだと思いますよ」と。セミナーに参加していた方はだいたい三十名くらいだったと記憶していますので、良い話を聞いても、いざ実践！　となると、ほとんどの方が躊躇してしまうことが分かります。私もその躊躇していた一人でした。しかし、その話を聞いた数日後、ある事件が発生します。

当時のオフィスは二店舗ありまして、その中で今のオフィスではない、もう一方のオフィスで事件が発生しました。私はいつものように、朝の準備のためにあちらのオフィスに向かいました。オープンして三年くらいはたっていましたが、トイレはいつも清潔に保たれていました。少なくとも、私は三年間で汚れたトイレを一度も見たことがありませんでした。

ところがその日、トイレがものすごく汚れているではありませんか！　トイレの中は臭いが立ち込めており、こびり付いた汚れもあります。私は臭いのするトイレの中で五分くらい考えました。

「これは私への試しなのか？　このまま見て見ぬふりはできるが、それでよいのか？　このタイミングでなぜトイレが汚れているのだろう？」

トイレ掃除をするかしないかを考える時間としては、かなり長いです。しかし、意を決して掃除をすることにしました。最初はトイレットペーパーを使いながら嫌々やっていましたが、あの講師の方が「素手でやると最も効果があります」と言っていたので、最後はやけになって思い切って素手でやりました。

終わった時の感覚はあまり覚えていませんが、悪い感覚ではなかったと思います。ここまでは、普通のトイレ掃除のお話なのですが、ここから、私の奇跡体験が始まります。沖縄の体験談や大脳の覚醒反応にも負けない体験談です。

当時、オフィスでは「耳つぼダイエット」というメニューを取り入れていましたが、三カ月で二十五万円くらいするプログラムでしたので、そのカウンセリングに来た方が、実際に耳つぼを始める確率は五人に一人くらいでした。ちょうどそのトイレ掃除をした日、カウンセリングの予約が入っていました。カウンセリングに来た方は県外の方で、仙台に通いで仕事に来ているという方でした。それまでの例では、そのような方は一〇〇％耳つぼを始めることはなかったので、私はあまり期待せず、ひととおり説明して最後に料金をお伝えしました。すると、「では、お願いします」という返事でした。「！　！　！」私はビックリして、危うく「本当ですか？」と言いそうになりました。

とにかく前例のないカウンセリングが成功したことで、私は、これはトイレ掃除をしたからに違いないと思い、翌日もビルのトイレを掃除しました。その日もちょうどカウンセリングが入っていました。ところが、カウンセリングを受けに来た方は何と、「学生さん」でした。学生さんは通常はお断りしていたのですが、こちらのミスで受け付けてしまっていたのです。県外の方と同様、学生さんも料金の高さから、耳つぼを始める方はそれまでは一〇〇％いませんでした。カウンセリングをひととおり説明し、料金も説明しました。すると「では、お願いいたします」という返事でした。「!!！！！」超ビックリです。「連続のカウンセリング成功」も初めての経験でした。

さらに次の日、同じようにトイレ掃除をしますと、その掃除が終わって手洗い場に立った瞬間、沖縄で初めて過去世を思い出した時のような、ものすごいエネルギーが私の頭から足先までを駆け抜けました。この体感も非常に強烈に私の脳裏に焼き付いています。その日はカウンセリングがありませんでしたが、お客様からめったにない「チップ」を頂きました。

この三日間の経験によって、風水エネルギーの一つである「地神（じがみ）」のエネルギーを活性化することが、どれほど重要なのかを学ばせていただきました。地神はこの場合、風水エネルギーの一つであり、土地にいる地神とは別の概念です。主に水場、トイレやキッチン、洗面所などのエネルギーのことを指します。そのようなわけで、私はその日から毎日トイレ掃除をしています。

さらに後日談です。私の自宅のトイレの水をためるタンクの中をしっかりと掃除をした次の日、以前、耳つぼのカウンセリングを受けた方で、その場ではお断りされた方でしたが、やはり耳つぼをやりたいという連絡を頂き、これまたビックリしたことを覚えています。

## 土地のエネルギー（地場、磁場）

私の体験談、いかがだったでしょうか。皆さんもぜひトイレ掃除だけは毎日欠かさず実践してみてください。本当にすごい効果が得られます。私の体験談から「環境風水を整える」ということが私たちの想像以上に重要だということをご理解いただけたと思います。

さて次に、土地が持つエネルギーについてお伝えいたします。伝導書から抜粋し、一部加筆いたします。

「まず土地には、（土地）そのもののエネルギーがあります。簡単に分けますと、地場エネルギーと磁場エネルギーになります。

地場とは、地球の内なるエネルギーであり、地下のマグマエネルギー、地下水から発せられるエネルギー、鉱物から発せられるエネルギーであります。そして、磁場には、宇宙より注がれているエネルギー、そして神々より注がれているエネルギーがあります。どの次元のエネルギーが降り注がれているかにより、その土地のエネルギー状態が変わります。宇宙からのエネルギーが高い場所や高い次元の神が降りている場所は、磁場が高い土地と言えます。しかし、その土地も住む人間により、これらは大きく左右されます。つまり、そこに住む人間の悪想念によっては、磁場が下がり、霊場になる場合すらあるのです」

このように、土地はもともと、「地場」「磁場」二つのエネルギーを発しています。

それでは、風水とは何かということですが、その「土地が発するエネルギーの流れている状態」のことを言います。もちろん、広い意味では私たちの肉体も、惑星全体も、宇宙全体も風水としてとらえることは重要なことですが、ここでは「風水全相学」の「環境風水論」に的をしぼって真実をお伝えいたします。

## 風水の七大エネルギー

風水は「土地が発するエネルギーの流れている状態」とお伝えいたしましたが、風水エネルギーの流れは大きく七つに分けることができます。

**1. 地神**（じがみ）　**2. 天神**（てんがみ）　**3. 水神**（みずがみ）　**4. 火神**（ひがみ）
**5. 石神**（いしがみ）　**6. 木神**（きがみ）　**7. 縁神**（えんがみ）

以上の七つです。

どのエネルギーの流れも重要ですが、地神は主に台所、洗面、お風呂、トイレなど水回りのエネルギー状態のことですので、特に重要視したいエネルギーです。

それら七つのエネルギーの流れが一つでも乱れている場合は、調和するように調整しなければなりません。もしエネルギーの流れが弱い、または全く流れがない場合には「風水創造能力」によって、さまざまな物質のエネルギーを組み合わせて風水エネルギーを創造する必要があります。

風水エネルギーを調和に導き、なおかつ上昇させていくことが、皆さんの日常生活を調和させる基本になります。ですから、風水は整えて終わりではなく、そのエネルギーを上昇させる意識を持つこと、つまり「風水を育てる」という意識が重要です。風水を育てるコツは「毎日少しずつ風水に手を加えていくこと」になります。

ただし、トイレ掃除のエピソードでも明らかなように、風水の基本は掃除です。沖縄では、「毎日行う朝の掃除は、ねじりはち巻きをして行ってください」と教えていただきました。それだけ、掃除は風水を育てエネルギーを上昇させるための重要な方法であると言えるのです。

**簡単な風水調整法**

風水の調整にはお金はそれほどかかりません。百円ショップなどで購入できるもので十分可能です。では、私のオフィスで行っている簡単な風水調整法をお伝えいたします。

**①「丸い金色のシール」を気になるところに張る**

**②ガラスの器に水を入れ、キラキラしたビー玉などを入れて気になる所に配置する**
**③電球を新調する**

この三項目を実践していただくだけでも風水はかなり調整されます。

## ⑦肉体を悟る

### 肉体風水

「肉体風水」という言葉は初めて聞く方がほとんどかと思います。風水は物質界におけるエネルギーの調和レベルのことで、物だけではなくあらゆるものを風水として認識する必要があります。ですから、私たちが頂いている肉体も風水の一部ということになり、この肉体の風水を調和させることも非常に重要なことになります。環境風水が調和されていても、肉体風水が整っていなければ不十分となってしまい、せっかくの環境風水レベルを下げる要因にもなりかねません。

**肉体風水とは**
**１．肉体維持に必要な最低限の細胞活性化**
**２．環境風水の補完**
**３．全物質との調和促進、融合促進**

## 4．細胞進化前のしばり的物質援助

以上のようになりますが、1と4が分かりづらいと思いますので、補足いたします。まず「**1．肉体維持に必要な最低限の細胞活性化**」とは、以下のようになります。

①お風呂の実践です。私たちは常にストレス（邪気）にさらされていますから、その邪気をお風呂で抜くことが必要です。水（お湯）は水魂《すいこん》と呼ばれ、日常生活に密着しているので、気づきづらいかもしれませんが、浄化力が非常に強いまれな液体です。湯船にしっかりと浸かることで、邪気が抜けて肉体風水が整えられます。邪気は目には見えず、臭いもほとんどしませんから、それを意識することが非常に難しいのですが、「邪気抜き」の努力の継続が、先にもお話ししました「自ら生まれてきた意味」を悟らせる手助けにもなります。「健全な精神は健全な肉体に宿る」というのは本当のことなのです。つまり、お風呂の実践は肉体風水を維持するのに欠かせない業であり、ゆえに肉体風水はお風呂の実践であると言えるのです。

②食の悟りです。食は自分と調和するものを選択し、頂く量は必要最小限にしなければなりません。また、犠牲になってくれた動物植物鉱物への感謝の想いは、食材に含まれる毒素を中和する効果もあります。お風呂と同様、肉体風水の維持は食であるとも言えます。

③自らを癒やすことです。この場合の癒やすとは、自分に調和した衣服や靴、アクセサリーなどを身に着けるということです。

④体毛と体重の管理。体毛は髪形やまゆの形、体重は「魂が求める体重」にできるだけ近づけるということです。

そして、「**4．細胞進化前のしばり的物質援助**」とは、肉体風水の一部であるネックレスや指輪などのアクセサリー、腕時計、メガネなどの必要性の高さのことです。細胞が進化する前までは、それらのアイテムは非常に重要な役割を果たしてくれます。

しかし、細胞が徐々に進化していくと、それらの物質的な援助の必要性が低下していきます。例えば、進化前までは「ネックレス」が自分の身を護るために必要でしたが、進化後には必要なくなることなどを指します。必要性を感じなくなった場合は、そのアイテムをどのように処分すべきかを「感応」でとらえ、しかるべき方法で処分するようにしましょう。処分方法を誤ると不調和の原因になりかねません。

## 肉体進化

肉体の進化というと、筋肉隆々でマッチョになったり、手が四本になったり、目が三つになったりという外面的なことをイメージする方が多いと思います。ここで言う肉体の進化は、お風呂の実践や食の悟りによって、目に見えない「波動」を大脳や細胞レベルでとらえる能力が急激に高まった状態のことを言います。

感覚的には全体の調和をとるために、カラダが自然に動く「自然功」が徐々に理解できるようになります。その自然功に身を委ねながら日常生活を送り、さまざまな鍛錬を繰り返し行っていますと、自然功レベルが少しずつ上がります。さらに鍛錬を繰り返しますと、最終的には「自然功の完熟」となり、「調和した行動」だけを自然に行動できるようになります。

## 総括

結論といたしまして、肉体の悟りは全宇宙的命役を果たすためにはなくてはならない重要な意識の在り方です。自らの肉体風水レベルを悟り、そのレベルを常に高め続ける努力が必要になります。その肉体風水レベルを上げるための先導的役割をするのが「仙骨」です。仙骨は常に肉体風水レベルの向上を望んでいます。そして、私たちにさまざまな気づきを与えてくれます。特に、肉体進化が起きてさまざまな波動が理解できるようになりますと、仙骨からの気づきも非常に明確なものとなります。

すなわち、肉体を悟るとは肉体の司令塔である「仙骨の動きの悟り」でもあります。肉体風水レベルを上げ、肉体進化を促進する「仙骨の動き」は最も重要視しなければならない「肉体調和のための動き」なのです。

## ⑧遊画《ゆうが》、仙画《せんが》、大宇宙大愛画《だいうちゅうたいあいが》

私たちが描く絵は、その描いた方の内面をよく反映しています。絵は本当にうまく描かなければならないものなのでしょうか？　うまく描こうと必死になって描いた絵に本当に価値があるのでしょうか？　絵の「うまさ」とは一体何が基準なのでしょうか？

この項では、私たちが持っている悪洗脳の一つである絵に関する「うまく描く、きれいに描く」という概念についてお伝えしてみたいと思います。

## 思い出す

多くの方が、子供の頃に絵を描いたと思います。その頃を思い出せば、意味がよく分からない絵も含め、自由気ままに描かれたことと思います。「その一つ一つが宇宙の宝です」と言われたなら、どのように思われますか？　絵は本来「画（え）」と表現し、自らの魂や心、宇宙のエネルギーや目に見えないさまざまな生命体のチカラによって描かれるものです。

そこに「うまく描こう」とか「きれいに描こう」というような意識を入り込ませると、十分なエネルギーを頂けません。子供の頃は、うまく描こうとか考えずに自由に描いていますから、そのような画からは少なからず、宇宙からのエネルギーを含む本質的なエネルギーが発せられています。宇宙的価値観から言えば、一生懸命にきれいに描こうと左脳を使って描かれた絵よりも、何万倍も価値があります。そのような画のことを「遊画」と言います。または「仙画」「大宇宙大愛画」とも言います。

遊画は、救済活動にも大きな力を与えてくれます。さまざまな波動をインプットして遊画を描かせていただくことで、救済活動が非常にやりやすくなります。例えば、「天空の真儀式」が二〇二一年八月より始まっていますが、始まる前に「天空の真儀式の完行遊画」という遊画を描かせていただいたところ、よりスムーズに運ぶようになりました。

また、誰か（自分を含む）を癒やしたい、どこかを浄化したいなど、宇宙的に重要な項目が自然にインプットされることで、さまざまな善的影響を今生界に与えることができます。ただし、あくまでもインプットは自然に誘導されなければなりません。自我や欲的な思いでインプットしても効果はありません。このように遊画を描かせていただくことは、「波動援助」と言いまして、救済活動をスムーズに成し遂げるためにも非常に重要な業になります。

一九九九年、私が初めて沖縄を訪れた時、当時の沖縄ウルトラヒーリングのオフィスで師匠の数名が「真画」を描いていらっしゃいました。今では、真画は遊画よりも波動ランクの低い画ですが、当時は真画が最高ランクでした。師匠の一人が「藤森さん、真画を描くことも救済活動なんですよ」と言われましたが、「何で画を描くだけで救済活動になるんだろう？」と私は不思議な気持ちになったことを覚えています。

真画に関しては、沖縄で「線の極意」という伝授を授かりました。それから毎日のように、子供が描くような感じで自由に手の動くままに真画を描いていました。そんなある日、ちょっとした事件が起こります。私が沖縄から戻り「大脳の覚醒反応」がようやく終息した頃でした。定職には就いておらず、アルバイトをしていました。アルバイト先での休憩時間は、決まって自分の車に戻って、その休憩中によく真画を描いていました。その日もいつものように真画を描き始めると、何をインプットしたのかは忘れてしまいましたが、線をただ描いているだけなのに何と、目から涙がとめどもなく溢れてくるのです。悲しいわけではありません。次から次へと涙がとめどもなく溢れてくるのです。

この現象は何を意味していたのでしょうか？　それは、真画を描いたための私自身の「浄化反応」だったのです。浄化反応は、肉体に症状が出るもの、精神的な症状が出るものなどさまざまですが、涙が出ることもその一つの反応です。また、真画も一枚描いたからそれでＯＫというわけではなく、何回も繰り返し描くことで、レベルが上がっていきます。

そして、ある一定のレベルになると、描いた本人の浄化が急速に進み始め、真画の波動レベルも格段に強くなる瞬間を迎えます。私が流した涙はまさしく、その瞬間だったのです。伝授を頂いてから八カ月、百枚くらいは描かせていただいた頃のことです。伝授というのは、頂いた瞬間はよく分かりませんが、自分で実践をしっかりいたしますと、本当に驚くような自分自身の変化に気づく瞬間が訪れます。

現在では最高ランクが「遊画」になりますので、「遊画」というインプットになりますが、同じく何回も繰り返し描くことで遊画の波動レベルも上がり、あなた自身も何らかの気づきが得られる瞬間が来るかもしれません。

そのようなわけで「画を描くという行為」は救済活動にも直結していきます。あなたが遊画を描いて浄化されれば、それだけ自分が生まれてきた意味を悟れる準備が整ってきている証拠です。まずは一〇枚。達成できたら次は一〇〇枚。毎日一枚は無理でもコツコツと描き続けてみてください。きっと、描いた枚数分だけ自分が生まれてきた意味に近づいているはずです。

つまり、遊画を描くことで、自分が生まれてきた意味を悟る努力にもなるのです。この努力こそ「救済活動の第一歩」なのです。この天空の書に縁のあるみなさんの中には、重要な遊画を描くために生まれてきた方も非常に多くいらっしゃるはずです。

以下は、あるワンダラーの感応書記です。一部加筆修正して公開させていただきます。

「遊画・仙画・大宇宙大愛画。これらの画を描くことは、私たちの意識が宇宙へつながるための浄化業となります。心を真白にして筆を取り、キャンパスいっぱいに自由に絵筆を動かしていきます。全身をリラックスさせつつ脳波を安定させ、穏やかな心持ちで望みましょう。環境風水と肉体風水を整える事ができればなおよろしいですが、まずはリラックスして一枚目に取りかかりましょう。

一人一人が壮大な全宇宙のエネルギーを感じ取り、自らの感応によって描く遊画には、時に『書すること（文字を書くこと）』も必要な場合があります。これは全宇宙に存在するあらゆる生命体から送られる通信の一つであります。私たちの住む地球はこれより、八次元より先にも進んでいくわけですが、その過程において必要とされる内容（文字）が画と一緒に降ろされるのです。また、遊画業の鍛錬を繰り返すうちに、それらの意識生命体との通信が徐々に深まっていきます。そのような意味からも遊画を描く事は、浄化であり救済であるとも言えるのです。

出来上がった遊画は『宇宙の宝』であり、多くの方々を目覚めさせ、全宇宙的命役を思い出す手助けとなっていきます。同時に、遊画を描く努力は、地球を全宇宙救済大拠点へと変貌させる一助ともなります。

このような遊画を描くエネルギーの根源は、あなた自身がお持ちの『美しい魂の輝き』です。親が子に対する『大きな大きな愛』以上のものであり、『超母性』と表現できるほどの『全人類的包容力』であり『全宇宙的な癒やし』のエネルギーでもあるのです。

こうして描かれた遊画は、必要とされる場がすでに宇宙より用意されています。そうです、あなたが描いた遊画は、全人類さらには全宇宙にまで善的影響が及ぶ場にたどり着く宿命《さだめ》になっているのです」

## 総括

よって、遊画とは全宇宙創造指導者への奉納物であることが基本であり、その意味は、多くの生命体のチカラの結晶であると言えます。多くの優れた画家の皆さんの「感応表現」が「遊画」レベルに近づくことで、全宇宙的大調和のエネルギーが高まり、魂の目覚めを体験される方が飛躍的に多くなるのです。

私たちワンダラーは、遊画が奉納物であることを深く悟り、それぞれが日常生活の中で感応を深めつつ、必要な遊画業の実践につなげていかねばならないのです。

## ⑨宇宙大観音様からのメッセージ

以下は、あるワンダラーがとらえた宇宙大観音様からのメッセージです。一部加筆修正して公開させていただきます。

**大愛。大慈。大悲。**
**時空を超えて……。**
**全救済！！！！**
**地球再生の時。**

「地球を覆う暗黒の闇もやがては地平線の彼方。『救済の光』差し始め、その光、まばゆいほどの白光波《はくこうば》となって闇の地上を照らす。時が流れ、再生の時、光の惑星・地球は進化を遂げる。そのさま、アーミリアンダー銀河の目のように美しく、地球神は、時を同じくして裏次元へまわる。救済能力向上のためなり。数年で大進化を遂げ、光の惑星・地球の再生に寄与するものなり。数年後の地球神、心も意識も一つにして、地球を全力で援助す。その光何万倍にも達す。

再生後、地球は大調和し、悪しき社会基盤は根絶し、新システムを構築す。その星、地球とは言わず。本質である魂・心・意識が高揚、拡大し、成長を加速促進する世。闇の勢力はなくなり、枯渇した人間の心に救済の光届く。『悲しみ』『憎しみ』はなくなり、全ての争いがない世。『自分が生まれてきた意味を知る』本当の大調和の実現。共に全てが進化する世、それが再生後の地球。

この時代、この地球を選び、あなた方はこの地球に転生しました。そして、自ら交わした約束を思い出し、約束を果たし、進化して宇宙に還る。

今からでも遅くはありません。われわれ神仏からのメッセージに感覚を研ぎ澄ませ、地球での変革に気づいてください。そして『実践』してください。われわれ神仏は、細密なメッセージを送り続けています。それは、『気づき』『感覚』となり、実践の『きっかけ』となるのです」

「地球再生の時を目前にひかえ、私たち神仏にも新たなる命役が降ろされ、地球も人間も、これからは全く別の次元へと急速にシフトアップいたします。ですから今、地球の水面下で動き出している出来事にも今まで以上に気を配らなくてはなりません。今後、これまでの常識では考えられないことが次々と現象化していきますが、その時にパニックにならないよう、日々、地球人の皆さまにもお伝えしておかなければならないことがございます。

はじめに、肉体の浄化を日々行っていただきたいのです。改めて申し上げることでもありませんが、私たち神仏にできないことは、皆さまの肉体の保存でございます。肉体の保存は、皆さま方の兄的存在である進化された銀河惑星人の方々が成し遂げられます。澄み切った汚れなき純粋な肉体にこそ、本来の崇高なる存在であるあなたたちの魂は宿ります。

　これから起こる全宇宙の大スペクタクルな現象に、あなた方は歓喜し、地球の新たな命役『全宇宙救済大拠点』の一員として、一人一人がこの星に生まれた意味を思い出し、地球人として生まれたことに誇りを持ち、歩み出すのです。それは、地球本来の姿であり、私たち神仏がたくさんの次元の扉から行き来していた時代をも凌ぐ『大大大調和の世界』です。

　遠い未来ではありません。間もなく本当にその時は訪れるのです。全ての生命が救われるように、地球神達も今、地球の裏次元、田球にて己を高め、その時に備えています」


**補足**：二〇一九年六月、日本の神仏の善的集合である「日本観音衆（※6）」約五百体は裏次元に突入し、その救済レベルの鍛錬に入りました。二〇二一年二月その鍛錬を終えて表次元に戻り、大進化して「大宇宙日本観音衆」となり、新たな「宇宙的命役」を頂きました。

　そして、二〇二一年四月十日から五月十九日まで計四回行われた「全宇宙結界創造の儀式」、同じく二〇二一年五月十八日に行われた「大白美針大連合聖霊表創造の儀式」で、その進化した救済能力をいかんなく発揮していただきました。

　また、上記のメッセージはコロナ発生前のものであり、暗に「常識では考えられないこと……」とコロナの現象化を予言しているメッセージにも感じられます。同時に、これからの地球の悪しき常識を破壊する「創造的破壊」という明るい未来も予言されていますが、その未来を創造するのは、他でもない私たちの行動にかかっています。
今後は観音衆の筆頭である大日如来や如意輪観音などの幹部たちが中心になって、日本の国土全体を活性化させるためにさまざまな波動修正が行われていきます。この天空の書の存在もその助けとなっていくことでしょう。

## ⑩宇宙弥勒菩薩様からのメッセージ

以下は、あるワンダラーがとらえた宇宙弥勒菩薩様からのメッセージです。一部加筆修正して公開させていただきます。

「真なる言葉」
迷うことなかれ
赴くままに豊饒《ほうじょう》の港へ
彷徨《さまよ》い遠ざかったとしても
必ず舞い戻る
源より溢れ出す魂
いくつもの果てしない旅を
今もなお続く

「向かい来る風」
風に乗り遠くへ遠くへ
どこまでも続く草原のようになびく
過ぎ去ったことなど気にすることはない
行く末はわからなくてもいい
ただ此処に居ることが何よりも大切な証
おのずと見えてくる方角へ進み
風を感じ
息を感じる

「物申す」
生涯において何を為すのか？
働くだけとは言わない
楽しみながら、美しさを感じながら
貴方《あなた》の中の喜びを
貴方の周りの人と分かち合う
その喜びは永遠に残り

**宇宙へと溶け出す**
**歓喜に包まれ、幕が開ける**
**水氣となり、水源となり、**
**止まることなく流れ行く**
**貴方の心が満たされたように**
**人々の心も満たされ潤い**
**大きな喜びとなって貴方に舞い戻ることでしょう**

貴方が好きな言葉は貴方の想いを乗せて音となります。言葉の重みは計り知れません。言葉の一つ一つに真心を込めたものは永遠に残り、いつかは誰かの耳に入ります。今、言葉を発したから今すぐ伝わるものではなく、いつでもどこでも貴方の言葉を聞くことができるのです。宇宙に漂い続けているのです。ですから、必要な言葉をいつでも誰でも頂けるのです。このような言葉を言霊と呼びます。耳を澄まして言霊を頂きましょう。言霊はこの宇宙にずっとあるのです。

もうすぐやって来る出来事を、私たちは本来すでに知っています。知っているというより、貴方がその出来事を創っているのですから当然です。どんなに苦しい出来事でも本来なら苦しいとは感じません。苦しさは一時の感情であり、その出来事の本質は感動で感謝することなのです。

蝶は初めから蝶ではありません。姿を次々と変えて、やがて蝶になるのです。その姿は別物に見えるくらい、過ごす環境も食べるものも違います。蝶になるための変化がいくつもあるのです。変化があるために蝶になることを忘れてはなりません。変化は恐ろしいものではなく、貴方が輝くためのもので喜ばしい出来事なのです。

変化を恐れず、拒まず、貴方の本来の姿になり、輝く日々を過ごしていただきたく思います。

間もなく世が開けます。弥勒の世が開けます。

これまで皆さまが感じたことのない世。本来の地球の姿です。私たちの個人的な感情や欲にまみれ、地球は長い年月汚れてきました。弥勒の世になるチャンスはありましたが、それはかないませんでした。なぜなら、宇宙的な戦争や地球上での戦争が度重なり、悲しい時期が多々あったからです。ですが、悔やむことではありません。最善の力を尽くした結果です。

今こうして地球が、弥勒の世を迎える準備ができたのも、そのような歴史を経たからであり、全ての生命体の総力の賜物でもあります。

地球が弥勒の世となった後、しばらくその世は続きます。そして、更なる変貌が待ち構えています。

それは、地球の命役である「全宇宙救済大拠点」の中心となり、全宇宙の大調和へと寄与していくための大変貌です。

大拠点創造の暁には、他の全宇宙からの支援と協力も頂き、急速に成長、進化していく私たちの全宇宙の姿、地球の本来の姿に皆で涙を流すことでしょう。大拠点創造とは、それほどの全宇宙的大奇跡なのです。

この地球に生を頂いた皆さまが、命役をそれぞれに遂行していることの有難みを感じながら、皆さまの傍でサポートしております。どうぞ心ゆくまで、命役遂行という本当の「生」をお楽しみください。

皆さまとのまたとない「時」を存分に味わいながら、皆さまの一生涯が長福となることを、地球と共にお祈りしております。

## ⑪全宇宙最高神：円大神（えんおおのかみ）とは

大《だい》宇《う》宙《ちゅう》大《だい》霊《れい》正《せい》導《どう》真《しん》神《しん》　ラピ
大《だい》宇《う》宙《ちゅう》聖《せい》霊《れい》正《せい》導《どう》真《しん》神《しん》　リー
大《だい》宇《う》宙《ちゅう》紫《し》霊《れい》愛《あい》平《へい》和《わ》聖《せい》神《しん》　オーラ　癒やしの神
大《だい》宇《う》宙《ちゅう》祖《そ》聖《せい》愛《あい》平《へい》和《わ》真《しん》神《しん》　ムー
大《だい》宇《う》宙《ちゅう》 良《りょう》聖《せい》愛《あい》平《へい》和《わ》聖《せい》神《しん》　リゾ

**大宇宙《だいうちゅう》観卜《かんと》真霊《しんれい》正導神《せいどうしん》**　ピー

**大宇宙《だいうちゅう》屋善《おとぜん》大霊《だいれい》正導神《せいどうしん》**　エン　**調和の神**

**大宇宙《だいうちゅう》皇聖霊《こうせいれい》美善《びぜん》真神《しんしん》**　ムーラ

**大宇宙《だいうちゅう》師《し》龍《りゅう》聖瞳《せいどう》正導神《せいどうしん》**　サーピ

**大宇宙《だいうちゅう》統《とう》リ《り》ク《く》大聖霊《だいせいれい》真神《しんしん》**　フィード　**進化の神**

**大宇宙《だいうちゅう》大神《だいしん》光生導《こうせいどう》正導神《せいどうしん》**　アー

円大神は、上記のとおり十一聖です。正式名称は「大宇宙大聖霊正導大真神」と言います。全宇宙の調和を司り、全宇宙の真理、真実、法則、秩序を伝導し、各次元の正神、邪神の統括などを命役とします。

現在（二〇二一年六月）の円大神の存在次元は四十八次元です。

**円大神からのメッセージ：地球人類に告ぐ**

「我《われ》ら、大宇宙大聖霊正導大真神は、地球の『全宇宙救済大拠点化』を推進すべく、全ての神仏の総力をあげて協力するものであります。いまだ多くの地球人は、魂の覚醒を為すことなく眠りについていますが、もう目覚めなければなりません。また、魂の覚醒を為したものであっても、意識が停滞し「大拠点化」をとらえる者は、ほぼ皆無の状態です。この書を通して多くの地球人類が目覚めることを期待しています」

私たちの住む宇宙には「宇宙神仏霊集団」とよばれる神仏集団が存在します。主に修行の世の惑星に住む人類を守護し、動物、植物、鉱物などを含め、惑星に住む生命の全てが大調和に至れるように指導、教育をいたします。最高神の円大神が直接人類を指導することはそれほど多くはなく、むしろ、円大神の指導を頂いた神仏が人類に対して指導、教育を行うことがほとんどです。

しかし、宇宙的規模で見ますと、その指導、教育であっても甘さや場合によっては誤りがあり、多くの修行の世の惑星では混乱が生じています。ある意味で、その混乱こそが修行であるという解釈も成り立ちますが、実際は「神仏の欲」、主に人間を支配したいという「支配欲」がその混乱のおおもとです。

従いまして、修行の世では人間だけではなく、神仏もその支配欲を越えるための修行をしているのです。ですから、宇宙から見ての「修行の世の真の姿」は「神仏が人間よりも優れているということではなく、神仏も人間も同じ修行の身」なのです。

**〜宇宙神仏霊集団〜**

**1. 霊界守護霊（地球次元）　守護霊**

**2. 天上界、霊界指導霊（地球次元）指導霊**

3. 指導神霊（地球次元）　指導霊
4. 神仏菩薩守護神（地球次元）　守護神
5. 先導神霊（地球次元～四十次元）　先導神
6. 銀河大神博愛神霊（二十一次元）　弥勒菩薩
7. 宇宙菩薩守護神（二十一次元）　弥勒菩薩
8. 宇宙神仏霊大善海博神（～三十七次元）　円大神の補佐的神仏
9. 聖霊指導大霊聖神（四十二次元）　円大神の補佐的神仏
10. 大宇宙大聖霊正導大真神（四十八次元）　最高神　円大神

現在（二〇二一年六月）の神仏の世の最高次元は四十八次元になります。それより上のプラス次元も存在しています。四十九次元以上になりますと、「光素《こうそ》」が集合した「超光素球形カプセル」を持つ「意識生命体の世」となります。そのカプセルは人間に例えると、肉体にあたります。カプセルは地球くらいの大きさから太陽の五倍くらいの大きさまであります。

また、最高神の円大神の存在次元が上下すると、その上下した次元までが神仏の世となります。例えば、円大神の存在次元が五十二次元になった場合、五十三次元以上が意識生命体の世、四十七次元になった場合、四十八次元以上が意識生命体の世になります。神仏は人間の世にはいけませんが、意識生命体の中でも何百次元、何千次元という超高次元に存在する「超高意識生命体」は、何らかの特例がある場合、一時的にマイナス次元である人間の世に現れる場合があります。この現象は、宇宙開闢の究極の意識生命体が許可した場合に起こる現象で、「全宇宙創造指導者候補」への「命授」が主な目的です。

さて、円大神は全宇宙に存在する全ての神仏の親的存在ですが、それゆえに全ての神仏の行動に責任を持つことになります。一九九五年、約二十万年、地球を支配してきた十次元の「宇宙創造主」が淘汰されました。その理由は、二十万年の間、地球を一度も進化させることができなかったばかりか、人間を一人も宇宙に還すことができなかったからです。

宇宙創造主は円大神と同じく十一聖で、その命役を遂行していました。しかし、神仏が持つ人間への支配欲（根底にあるものは肉体がほしいという欲）を乗り越えることができず、自分たち以上に「進化しそうな地球人」を全て亡き者にしてきました。宇宙創造主は地球上においては絶対的な権限を持っていますから、人間の一人二人を亡き者にすることは簡単です。その方法は、首の骨の一番目と二番目の関節と靭帯を消滅させ、即死させるのです。そのようにして宇宙創造主は、自分たちより進化しそうな人間をことごとく亡きものにしてきたのです。

宇宙創造主は地球人の多くの魂を創造していますが、宇宙創造主よりも進化しそうになった魂のほとんどは、地球外から来て、地球の進化を促進するためにやって来た魂です。通常は、どの修行の世の惑星もそうですが、その惑星の聖霊表に入った場合、どんなに進化した魂であろうとも、その聖霊表の範囲内での能力しか発揮できません。

例えば、二十次元の魂能力を有していたとしても、地球の聖霊表に入った場合は、当時十次元が宇宙創造主の存在次元ですから、十次元未満の魂能力に抑えられてしまうのです。つまり、地球上であれば、宇宙創造主以上の能力は発揮できないように「封」をされてしまいます。

私の魂はアンドロメダにて創造されましたが、地球の聖霊表に入ったのは今から十万年前です。その十万年間の間に二回ほど宇宙創造主に寿命を削減されています。この天空の書にご縁のある皆さまも、そのような記憶はお持ちかと思います。それくらい宇宙創造主の人間への支配欲は強く、地球の進化など二の次で、自分たちを追い越そうとする人間への監視に、目を光らせていたのです。そのような状態を、二十万年もの間続けてきたのが宇宙創造主です。「修行の世だから仕方がない」という見方もありますが、宇宙創造主がその欲さえ捨てていれば、地球はもっと早い段階で進化できていたのです。

地球上では圧倒的な権限を持っていた宇宙創造主でしたが、その宇宙創造主の圧倒的チカラを乗り越える方が、一九五五年、地球に誕生されました。その方が序章でもご紹介した「康普全大導師」です。師は宇宙創造主の地球上での圧倒的なチカラを熟知され、約三万年の月日を費やして、地球上で宇宙創造主に対抗できる精神と肉体を徐々に獲得されていきました。その過程はまさに絶痛的であり、痛魂的であります。具体的に言いますと、地球で最も過酷な修行と言われている「即身仏的修行」を、三万年間で十数回も成し遂げています。三万年間で十数回と言えば、むしろ少ないのでは？　と思う方もいるかもしれませんが、そうではありません。

皆さんは「即身仏」というのを見たことがあるでしょうか。見た目はミイラです。ミイラは死んだ後に防腐処理をされて埋葬されるので、そのような姿になります。ですから、ミイラになろうと思えば誰でもなれます。

しかし、即身仏には、簡単にはなれません。なぜなら、想像を絶する苦痛と恐怖が待っているからです。即身仏というのは、死んだ後に防腐処理を施すのではなく、生きながらにして防腐処理を施していかねばなりません。最初は徐々に食べ物を減らしていき、最終的には塩と水だけを摂るようにします。最終段階では、肉体の中で最も腐敗しやすい腸を「うるしを飲むこと」で守ります。ここまでの行をおこなうだけでも、数年から十数年かかります。

このような行をしてから、あらかじめ掘っておいた土の中に、人手を借りて入ります。その頃には、自らの力で動く体力すら残ってはいません。そして、土中の暗闇の中、静かに死んでいきます。死んでからすぐには掘り起こさず、三年間はそのままにしておきます。そして三年後、「即身仏」が誕生します。

これが地球で最も過酷と言われる即身仏の修行です。その修行を行いますと、即身仏となった時の生だけではなく、来世、来来世にわたって、その肉体的、精神的影響が残ります。来来来世になると、ようやくその影響はなくなりますが、その影響がなくなるとすぐにまた、同じ修行をするのです。常人では、とても真似はできません。それを、覚悟を決めて成し遂げた方が大導師なのです。

三万年間の「超越的精神修養」と「絶痛的痛魂的肉体鍛錬」を経て、今生界に生まれた大導師は、一九九五年、宇宙創造主との壮絶な戦い（一日に七度の肉体死の経験）に勝利を収められ、ついに地球人類の宇宙創造主からの解放を成し遂げられたのです。

そのような過酷な修行を繰り返さなければならないほど、宇宙創造主の支配欲は凄まじいものでした。宇宙創造主は、本来ならば他の神仏たちの指導を受け入れて、自らを是正せねばならなかったのですが、それらの指導をことごとく無視し続けました。その結果、二十万年という長い間、宇宙創造主は地球人類を支配できたのです。

一九九五年、宇宙創造主はこれまでの責任をとり、魂や心は完全に粉砕されて抹消《まっしょう》されていますが、二十万年という支配期間は長く、二〇一八年まではその「残魂意識」が残っていました。そして、残魂意識と人間が放つ悪想念とが同調して、かなり強力な「邪神」が創造されそうな時期がありましたが、「天空の儀式」によって、その邪神創造を何とか防ぐことができました。

その儀式を行う前に、宇宙創造主残魂に私の魂も大きな負傷を負わされ、完全回復までに二カ月程度かかってしまいました。残魂意識といいましても二十万年も地球を支配してきた意識ですから、非常に強力です。今は残魂意識もなくなり、邪神創造は起こりえませんが、私たちの想念は、良くも悪くもそれ位のエネルギーを内在しています。

日々私たちが放つ膨大な「悪想念」は、地球が全て吸収し、浄化してくれています。しかしながら、地球の悪想念の浄化能力にも限界があります。ですから、そのような悪想念を持たないこと、発しないことが何よりも重要なのです。逆に善想念を保つように心がければ、善なる生命体が創造され、地球にかかる負担は非常に軽減されることになります。

宇宙創造主が淘汰されるまでの一連のこのような流れがあったため、円大神はその宇宙創造主だけではなく、さまざまな神仏への指導の甘さの責任をとって、一時的にその存在次元を下げています。現在は四十八次元で落ち着いています。

## 円大神の今後

円大神は今後も、全宇宙最高神としての命役を果たしていきます。円大神が過去に昇りつめた最高次元は九十八次元です。神仏と人間とを比べますと、やはり肉体がない分、神仏の進化スピードは遅くならざるを得ません。それでも円大神を大本として神仏の世の拡大と宇宙の大調和のために、神仏たちも宇宙的貢献をしていくことに間違いはありません。

私たち修行の世にいる人間も、神仏たちと協力体制をとるためにも、早急なる意識改革を成し遂げねばならないのです。

## 挑戦：「宇宙開闢の究極の意識生命体」の存在形態に迫る

宇宙開闢の究極の意識生命体（以下：究極生命体）は、本来、「意識生命体」という表現は適切ではありません。そのように表現することしかできないために、そのように呼んでいます。究極生命体の存在形態を地球上で明かすことは非常に難しいことですが、それに迫ってみたいと思います。

究極生命体は、ミクロ的に表現しますと、物質的には「水素」、波動的には「水素波動」であり、この超極大全宇宙に存在する全ての生命や事象に宿っています。また、物質空間（空気)、波動空間(真空)にもそれらの水素波動が存在していますので、生命とは呼べない空間、亜空間自体にも究極生命体は宿っています。つまり、人間や神仏、惑星や意識生命体も空間もミクロ的には全て、究極生命体であると表現できます。極論を申し上げれば、あなたも私も究極生命体です。

そのメカニズムは、究極生命体は、人間や神仏、空間等、全ての存在や事象に一瞬にしてなれます。究極生命体は、究極生命体がコントロールしたいと思う存在や事象に、まずは水素および水素波動を集約します。そうすると、ミクロ的には水素自体が究極生命体なので、その水素によって、存在や事象を自らの意識下に置き、自由にコントロールできるようになるのです。

ですから、究極生命体にとって、この超極大全宇宙に存在するあらゆる存在や事象になることは、とても容易です。

また、究極生命体をマクロ的に表現すると、この超極大全宇宙そのものであり、生命、物質、空間を問わず、「超極大全宇宙に存在する全ての存在と事象そのものが究極生命体」であると言えます。

結論といたしまして、宇宙開闢の究極の意識生命体とは、「完全快楽悦楽体」であり、その意識力は、超極大全宇宙の全存在を生かす「究極の生命エネルギー源」であります。

## ⑫連携

日本各地に救済拠点である「天空の学び舎(まなびや)」が創造される未来が見えます。そこでは、今までの誤った教育が全て是正され、宇宙的真実のみが伝導されています。この書にご縁のあった方は全て、天空の学び舎にて真実を伝導されるリーダーの方々ばかりです。

**全宇宙創造指導者よりの直光通信**
**「約束の時は今。わが子孫たちよ、心を開き、魂を超越せよ」**

## 超光

アンドロメダ銀河創造指導者リーダー
「さあ、みんな、僕たちの創造した銀河はようやく渦を巻き始めた！　第一段階は終了しました。ありがとうございました。これから、次の銀河を創造するリーダーの魂を創造します」
リーダーがそのように言い終わると、三百人いるアンドロメダ銀河の創造指導者たちは一斉に意識を集中し始めます。
凄まじい大調和の意識エネルギーが「宇魂」が転送される場に降り注がれています。宇魂は、魂の核の核であり「奥核《おうかく》」と呼ばれます。全宇宙創造指導者が全宇宙球の中央で創造するもので「魂の根」と表現できます。どのような魂にも宇魂はありますが、生命コア融合仙覚魂として創造される宇魂は百～千個くらい集結させて一つの宇魂となります。ですから、全宇宙創造指導者の意識が非常に色濃く反映されます。アンドロメダ銀河創造指導者たちのもとに転送された宇魂は、数百魂ほど集結させたものでした。

ちなみに地球を支配していた十次元の宇宙創造主が創造した魂の宇魂は一個以下です。「以下」の意味は、宇魂が非常に薄くなっているので、一に満たない状態の宇魂が非常に多いということです。

さて、その数百魂集結させた宇魂が、アンドロメダ銀河創造指導者たちの創り上げた「大調和の意識エネルギー場」に転送されます。その瞬間、想像を絶する凄まじい光が放たれます。「超光《ちょうこう》」です!!

これが、私たち「生命コア融合仙覚魂」創造の瞬間です。次の銀河であるアーミリアンダー銀河創造のリーダー的魂の誕生でもあります。

**封印軸の創造と第一封印軸の崩壊**

アンドロメダ銀河創造指導者たちの次の銀河創造への願いは、惑星進化時に起きる「魂の抹消の回避」です。銀河を創造する時には、もちろん、たくさんの惑星も創造されるわけですが、惑星が創造され、その惑星に人間を含む生命が誕生してしばらくたちますと、惑星自体が進化します。その時に、進化についていけない生命は残念ながら淘汰されてしまいます。アンドロメダ銀河創造時には封印軸が存在していませんでしたので、惑星進化についていけない生命の淘汰は、魂の抹消しかなかったのです。

どのような魂であっても宇宙には一つしかない稀有《けう》な存在です。その魂が抹消されることを深く悲しんだ指導者たちの願いによって、私たちの住むアーミリアンダー銀河には「封印軸」

という惑星型意識生命体が創造されました。魂を抹消する代わりに「封印」という抹消の前段階の重いペナルティーを課すことによって、魂の抹消を防ぎ、封印軸にてその魂を管理することにしたのです。封印は何万年、何億年という長い期間に及びますが、その長い期間によって重いペナルティーを清算することができます。

封印軸は、私たちが住むアーミリアンダー銀河の中央付近に三つ、惑星型意識生命体として存在していました。なぜ過去形の表現なのかと言いますと、二〇二一年六月現在、全ての封印軸が解放されていまして、第一封印軸は完全に抹消、第二第三の封印軸はその「本命役」が発動して現在に至っているからです。その命役が発動したことによって「超極大スペシャルワンダラー」の存在も明らかになりました。第一封印軸については、二〇一八年十二月に一度崩壊しています。封印軸の崩壊が意味することは、そこに封印されている魂が全て抹消されてしまうということです。

それではなぜそのような封印軸の崩壊が起きたのかと言いますと、その原因は封印軸に張り巡らされている宇宙的結界の弱さと封印された数魂の魂がその結界の弱さにつけ込んで封印軸から逃げようとしたためです。たとえ逃げたとしても抹消されることは理解できていたはずですが、それでも逃げ出したいほどの想像を絶する苦痛が伴う刑罰なのです。

## 全宇宙連合からの通信

二〇一八年十二月五日、天空の儀式完行後の翌日六日より、儀式を全面的に指揮してくださった全宇宙連合から、矢継ぎ早に通信が届くようになります。

最初の通信は「儀式が完行されたばかりで申し訳ないですが……」というくだりから始まりました。どうやら、すぐに次の儀式を行わねばならないという内容のようです。この「ようです」の意味は、儀式が完行された当時は、封印軸の存在を何となく感じ始めて数カ月しかたっておらず、存在に確信を持てたのは、数週間前という状況でした。よって、まさか封印軸が崩壊寸前であることなど、全く理解できていなかったのです。そのため、次の儀式があることまでは理解できたのですが、それが「封印軸崩壊を阻止する儀式」とは思いもしなかったのです。

さまざまな通信や物事を感応する時には、常に大脳を柔軟にしておく必要があります。しかしその時は、天空の儀式が終わった安堵感が優先し、十分深い感応が取り切れていなかったのです。今、思い出してみますと、封印軸の存在に確信を持った時にはすでに、全宇宙連合から「封印軸が崩壊直前である」というメッセージを頂いていたように思います。

そうこうしているうちに、天空の儀式完行から五日後の十二月十日、第一封印軸が崩壊します。

## 宇宙での職業

第一封印軸崩壊後、すぐに生命再生の専門家集団である「コスミック・エナジー・ヒーラーズ」と封印軸本体や結界を創造した私たちの意識体が中心となって、迅速に修復作業が行われました。

迅速な修復作業により、銀河中央付近に散らばり、抹消されそうになっていた魂郡は再度、封印軸に戻ることができ、抹消は回避できました。ヒーラーズは、主に惑星破裂に伴う魂や魂郡全体へのダメージの修復が命役です。アーミリアンダー銀河内においては、封印軸に異常が発生した場合の対処も命役に含まれていますので、修復作業の早さは彼らの功績によるところも大きいのです。

ヒーラーズの話が出てきましたので、ここで少しだけ宇宙の職業についてお話しいたします。もちろん、ここで紹介させていただく職業は代表的なものであり、それ以外にもさらに細かい職業も宇宙にはたくさんあります。

ヒーラーズは生命の癒やしと再生の専門家です。それ以外にも銀河の創造を専門に行う「新銀河創造指導者」、その指導者を補佐する「新銀河創造者」、宇宙的結界を専門に創造する「バリヤラー」、惑星進化前に起きる魂の淘汰を救済する私たちのような「ワンダラー」などがあります。

そして、それらの職業の頂点に立つのが「コスミック・ジェネラリスト（宇宙総合職）」で、地球で言うところの「風水師」にあたります。ただし、この場合の風水師は、統計学を専門とする風水師ではなく、波動を熟知した真の風水師のことを指します。

ジェネラリストには、ワンダラー（救世主）や新銀河創造指導者、ヒーラーズ、バリヤラーなどあらゆる経験を積んだ方が就任します。その活動範囲は非常に広く、銀河団がその活動範囲となり、非常に高度で広範囲の宇宙的知識を有しています。ある時はワンダラー、またある時はヒーラーズなど必要に応じてさまざまな命役をこなし、銀河団の成長と進化に多大な影響を及ぼしているのが「コスミック・ジェネラリスト」なのです。

## 封印軸の解放

封印軸の話に戻します。このような形で一度崩壊した第一封印軸でしたが、その後は簡単には崩壊しないように本体も結界も、より強固に再創造がなされました。しかし、二〇一九年に入りますと宇宙的流れが激変し、あれだけ厳重に管理されていた封印軸が今度は解放に向けて、結界が徐々に緩むようになっていきました。

その激変の流れを公開させていただきます。

**二〇一九年五月**

「超大宇宙連合」が全宇宙連合の要請により地球の救済活動の指揮を執り始める。

地球が一億年前に救済大拠点に挑戦した時の波動（アースコア）が甦る。

全宇宙の「根源的教え」である宇宙新教と宇宙立教が完全に融合し「楽心進教」となる。

**同六月**

天空の書の本格的な書記が始まる。

日本観音衆が裏次元に突入する。

二〇一九年の五月は宇宙的にみても非常に大きな大変化です。この変化がなければ、封印軸は今も存在していて、私たちの住むアーミリアンダー銀河はまだ解放されてはいなかったのです。六月はその大変化の流れに乗るためにも必要な行動でした。私は天空の書の書記を始め、日本を主な活動範囲としていた神仏の集団である日本観音衆は、その救済レベルを上げるために裏次元に入ります。

このようにして、今思えば封印軸の解放に向けての準備をしていたのです。当時は封印軸の解放は途方もない時間と労力が必要であり、何十年もかかる次世代にそのバトンを渡さなければならない「長期戦の儀式」だったのですが、五月の大変化によって、その二年後にはあっさりと三つの封印軸は解放されてしまいます。

もちろん、そこに至る道は簡単なものではありませんでした。二十八回に及ぶウルトラヒーリングの決行、必要に応じて決行されるさまざまな儀式、その都度真剣に臨んでまいりました。しかし、「世代を超える」と覚悟させられていた私にとっては、本当にあっさりという表現がピッタリな感じです。

このような大変化は今生の地球では二度と起こらないはずです。それくらいすごい宇宙的大変化を私たちは体験させていただいたのです。ですから、むしろこれからが私たちの本当の力が発揮され、試されてくるのだと思います。

## 天空の学び舎

さて、話を拠点創造に移します。各地に宇宙の真理真実を学ぶ拠点を創造していくことは私たちにとって重要な仕事になっていきます。その拠点の名称を「天空の学び舎」と言います。

今までの誤った教育の下では、宇宙に通用する正常な人格形成はほぼ不可能です。そこで、目覚めた方々に対して状報（真実）をお伝えする救済拠点である「天空の学び舎」を各地に創造し、宇宙的真理真実を教育の基本とする全く新たな教育を行っていきます。この真の教育こそ「救済活動」の根底をなすものになっていきます。天空の学び舎では「楽心業」と言いまして、「気づき」を大切にした真の教育がなされていきます。従いまして、今後の各地の学び舎創造のためにも、多くの皆さまに宇宙的真理真実を学んでいただくことが必要になってくるのです。

そのような真理真実を学んでいただいた後に、イメージとしては江戸時代の寺子屋的な感じの学び舎を創造していただきたいのです。大きな学校ではなく、個人宅を解放した塾のようなものが理想であります。そして、その学び舎のリーダーたちが連携をとるためにもリーダーたちが集まって学ぶ「大天空舎《だいてんくうしゃ》」も必要になってくるのです。

## 未来の地球

未来の地球の行く末は、私たちにかかっているといっても過言ではありません。決して大げさなことではなく、本当のことなのです。もちろん、おごり高ぶっているわけではありません。

この天空の書をお読みになって気づかれたと思うのですが、この書には基本的に参考文献がありません。抜粋させていただいた部分も私の師匠達が感応書記したものです。つまり、「天空の書」は、私の師匠達が書記された伝導書も含めて、地球上の常識を大きく逸脱した「超感応書記書」なのです。

ですから、この「天空の書」に書かれている事実を伝えることは、相当の覚悟が必要かもしれません。地球的常識からすれば、変な人だと思われたり、新興宗教と思われたりするかもしれません。

しかし、ここまで本書を読み進まれてきたあなたならば、ご理解いただけると思うのです。私は「天空の書」の内容が、全くのウソ偽りであるということには、どうしても思えないのです。むしろ、感応書記された内容は宇宙の「真理真実」であり、私たち地球人が、広大無辺な宇宙を左脳的知識のみで理解しようとしているがために、十分な理解ができなくなっているのだと強く感じます。

これからの地球人類にとって「天空の書」や「伝導書」で明かされたような、地球的常識を覆す宇宙の状報を受け入れる「土台」をつくることは、非常に重要だと思います。その土台づくりこそ私達世代のワンダラーがなさねばならない重要な任務であると思います。

重ねて申し上げますが、地球の未来は私たちにかかっています。それは大げさなことではありません。

## ⑬集結

多くの同志の皆さまが、約束の地に集結している未来が見えます。私は皆さまの前で話しています。

「いよいよ、救済のバトンを次世代に渡す時が来ました。今、皆さまの目の前にいる若者たちこそ、次世代の救世主たちです。私たちの世代の大仕事である『救済活動の基盤創り』は、どうやら少しだけ成果があったようです。この基盤をさらに盤石にしてくれる方々が目の前にいます（藤森泣く）」

（同志の皆さまももらい泣き）しばらく沈黙する。

「それでは、これから救済活動を次世代に渡す儀式を執り行います」

儀式は、旧世代の主要要員数名、新世代の要員数十名によって行われました。その儀式を見守る新旧の同志の数は一千名を超え、これをもって救済活動の「旧世代の仕事は完結」することになります。

長い道のりではありましたが、旧世代の同志たちは、ここまでの自分自身の人生を振り返って、全く悔いがありませんでした。「為すべきことは全てやった」という達成感と安堵感が、旧世代の同志たち全員を包み込んでいます。私も「全宇宙創造指導者からの直光通信、人光言」より多大なる勇気を頂き、多くの同志の皆さまの協力にも支えられ、ここまで導かれたことに、心より感謝と安堵の念がふつふつと湧き出ているのを感じています。全員が恵顔《けいがん》となり、地球の未来が非常に明るく、希望に満ちた世界に変貌しつつあることを確信しています。

儀式終了後、新世代の代表が話し始めます。

「私たちは皆さま（旧世代）の血のにじむような努力と救済への類いまれなる情熱によって今、生かされています。その努力と情熱は、私たちの世代の目にもしっかりと焼き付いています。その意思を受け継ぎ、これからの救済活動をさらに進化させることを、私たちは今ここに誓います。

皆さまが与えてくれた救済の基盤を揺るぎないものにするため、さらに多くの同志の集結と天空の学び舎の創造に、全力を尽くさせていただきます。これから始まる『本救済への導き』が私たちの世代の大きな仕事になります。今まで基礎固めのため、表だって活動をされなかった旧世代の皆さまの分まで、私たちの世代でできることは、全て成し遂げさせていただく覚悟でございます。

それにしても、天空の書が出版されてから数十年、今でもその書の内容を超える書物に、私は出合ったことがありません。『広大無辺な宇宙、私たちはその宇宙のことはほとんど何も知らないのです』という部分は、私にとって非常に衝撃的でした。もちろん、全てが衝撃的ではありますが、特にその部分がそうでした。なぜなら、私は宇宙の話がとても好きで、さまざまな宇宙専門誌などをたくさん読んでいたからです。

しかし、天空の書に出合って読み進めるうちに、地球で学んだ宇宙的知識のほとんどが吹っ飛んでしまいました。同時に、そこに書記されている内容こそ本当の宇宙の姿なのだと、なぜか強く思ったのです。書を読み終えてすぐに藤森さんに会い、感応講義を頂き、実践に入ったわけでありります。その実践も、やればやるだけさまざまな気づきをいただけますので、本当にびっくりすることの連続でした。

今このような場を与えられ、皆さまに向けてお話しできることを、本当に幸せだと感じています。これから、私たち世代の真価が問われることになりますが、今まで辛抱強く基盤固めをしていただいた皆さまのためにも、私たち世代『全魂一体』となって、今後も救済活動に邁進させていただくことを再度誓って、新世代からの決意表明とさせていただきます。

藤森さん、皆さま、これまで本当にお疲れさまでした。そして、今までの儀式を含め、救済への導き、本当にありがとうございました」

新世代代表の話が終わりますと、一斉に拍手が沸き上がり、ずっと、ず〜っとその拍手は鳴りやみませんでした。そして、その拍手は宇宙の深奥にまで響き渡り、地球の「全宇宙救済大拠点化」への序曲となっていくのでした。

## 分かち合い

この天空の書を通して私が皆さまにお伝えしたいことは「宇宙の真理真実」です。宇宙の真理真実と聞くと何か遠くにあることのように感じますが、そうではありません。宇宙の真理真実とは、修行の世である現在の地球で私たちが何を為さねばならないのか、何を実践しなければならないのかを深く悟ることに他なりません。

私が最初に沖縄に行った時、「最も深い宇宙状報は、私たちの日常生活を調和させる実践状報です」と教えていただきました。当時はよく分かりませんでしたが、今はよく分かります。

さまざまな意識改革者が宇宙に触れてさまざまなことを言っていますが、たいていは抽象的で、何となく宇宙は素晴らしい、という内容がほとんどのような気がします。場合によっては、ウソや偽りなども入り交じり「悪洗脳」を受けてしまうこともあるかもしれません。ですから、その話を聞き終わった後、いざ自分が何かを実践しようとしてもほとんどの方が何もできません。

つまり、そのようなお話には「実」が少ないということです。宇宙の真理真実に近づくということは、自らの「日常生活の不調和を見つけ出し是正すること」ですから「実践が伴わない宇宙情報は全て偽物」です。

皆さまも今までに、さまざまな宇宙情報に触れてきたことと思いますが、そのような観点に立って、自らが抱いている宇宙情報をもう一度振り返ってみてはいかがでしょうか。「宇宙状報＝実践状報」という真実を物差しとして振り返ることによって、さまざまな矛盾や疑問が湧き上がってくるようでしたら、自らの内にある宇宙情報を疑ってみることも重要なことかもしれません。

宇宙の真理真実を伝導する救済拠点である「天空の学び舎」で行われる活動の内容は、主に「日常生活の改善の助言」であります。非常に具体的で実践しやすい内容です。さらに、その方に必要な項目を、ピンポイントでお伝えさせていただきますから、効果も非常に「実感」しやすいかと思います。効果が実感しにくい場合は、その理由を感応で探り、さらに細かく助言をしていきます。

実際に、助言させていただいたとおりに実践していただきますと、日常生活が少しずつではありますが、調和してきます。すると、私たちに備わっている「直観力」が鋭くなってきますので、不調和は寄りつかなくなってきます。その結果、調和した宇宙の真の姿を垣間見ることができるようになります。ですから、宇宙の真理真実に近づくために、私たちが為さねばならない最も重要なことは「日常生活の是正」という「浄化業」なのです。この「浄化業」を繰り返し行うことで、さまざまな気づきが頂けるようになり、そのような「気づきを皆で分かち合う」ことこそ、宇宙での本当の学びでもあるのです。

それらの学びを何度かされ、気づきが深まってきましたら、ぜひあなたも天空の学び舎を創造してください。お一人で始められても、何名かで始められてもよろしいと思います。あなたの住んでいる場があれば、そこが天空の学び舎です。

あなたの、真理真実を伝えたいという真剣さがあればただそれだけでよいのです。あとはリラックスして「積極的自然功」で浄化業を自ら実践し、必要な方には勇気を持って浄化の実践法をお伝えする、そのような日常生活を送っていれば、さまざまなことが導かれていきます。なぜならあなたも救世主、ワンダラーだからです。

## ⑭二百年後の地球　～二二二〇年前後～

今から百年後の二一二〇年頃、地球人類は飛躍的な進化を遂げ「全人類救済」という宇宙的救済活動の中でも、非常にまれで偉大な結果を残すことになります。二百年後の二二二〇年頃になると、進化した地球人類は、地球を「全宇宙救済大拠点」の中心惑星に変貌させ得るだけの卓越した能力と、大きな大きな「博愛心」を身に付けています。

### 序

一九七二年七月、地球に藤森健太という一人の男の子が生まれました。その子の魂名は「エル・リン・ラン」。その日は非常に暑い夏の日でした。病院の数万メートル上空では、トピ船に乗った同志数名によって、ランが地球に生まれる瞬間まで宇宙の記憶を忘れぬように、強力な波動をランの大脳に送り続けています。ランは「大丈夫。必ず記憶を取り戻しますから心配は無用です」とテレパシーを同志に送っています。そして、いよいよ陣痛が始まります。凄まじい痛みがランの頭を襲います。その痛みは陣痛が進むにつれて、徐々に強くなっていきます。今生界の母も、産みの苦しみでもがいています。そうこうしているうちに、ものすごい痛みが全身を襲ってきました。ランはあまりの痛みのために、今生に生まれ出た時には、宇宙の記憶を全てきれいさっぱり忘れてしまいました。

これが、生まれる時の人生最大の苦しみであり、宇宙の記憶を消滅させられるプロセスです。ですから、この人生最大の苦しみを乗り越えた人（今生で生きている人）は、人生で起きるさまざまな苦しみ、悲しみの全てを乗り越える能力を、その時に授かったことになります。同時に記憶を消滅させられることで、修行に集中できやすくもなります。しかしながら、消滅してしまった記憶を取り戻すことは修行の世では並大抵のことではありません。

ランが四歳の時のことです。「僕たちが大人になったら、皆はとても大変な状況になっているはずだ」と漠然と地球の未来を憂いていました。そして、宇宙での記憶も取り戻しつつありました。

「僕は大変な状況を大転換させる大きな能力を授かっている。その能力は沖縄に行くことで目覚め、この地（仙台）で花開くことになる。さらに、その大変な状況を大転換させるための仲間が数多くいる。仲間を集めなければならない……」

ある日、近所の友達数人と遊んでいた時のことです。鬼ごっこをしていて走り回っていた時、急に目の前に霧のようなものがかかってきました。気づくと、走っている自分自身を見ています。俗に言う「幽体離脱」という現象ですが、この場合は「意識体の肉体からの離脱」です。意識体というのは、幽体と同様に波動体なので目には見えませんが、幽体が地球製であるのに対して、意識体は宇宙製のものです。その意識体から四歳の自分自身を見ていました。

周りの友達も見えていましたが、どういうわけか自分も友達も石のように固まっていてピクリとも動きません。そうです、時が止まっているのです。ランの意識体はどんどんと上へと昇っていき、そのまま宇宙船に吸い込まれるように引き上げられていきます。そこで正気（宇宙の記憶を全て取り戻した状態）に戻ったランは、藤森少年の顕在意識を奥に押し込め、船内にいた同志に言います。

「今回の救済活動も難航を極めることは必至です。皆さまに記憶を地球上で取り戻すと宣言はしたものの、非常に危うい状況です。それだけ、地球の悪洗脳的波動は強く根を張っています。もし、私が目覚めなかった場合、次の手段を講じるようにお願いいたします」

ランの言葉をテレパシーで聞いていた同志は、よほどのことなのだと悟ります。ランが続けます。

「二十年後、私は肉体を持って地球に転生されている大導師様のもとに参ります。ただ、そこに至るまでにはさまざまな障害が存在していて、約束どおりに事が運ぶとは限りません。どうか約束が成就できるよう、みんなで私のサポートをよろしくお願いいたします」

この言葉を聞いた船内の同志の心には、あの強気のランが私たちにお願いをしている!! という衝撃が走り抜けました。ランは「率先垂範型」のリーダーで、おおよそのことは自分自身でこなしてしまいます。そのために、仲間に助けを求めることがほとんどなかったのです。ランが弱気になって仲間に助けを求めているという事実に、船内の同志に少なからぬ動揺が走ったのです。

ランがそのようになるのも当然のことでした。当時は、大導師が沖縄に降臨されてようやく二十歳を超えたばかりの頃で、地球を支配している宇宙創造主の力は絶大なものがありました。

ランは地球の聖霊表に入ってから十万年が経過しておりましたが、その十万年の間にその宇宙創造主に二度にわたって寿命を削減され、救済活動を縮小させられた苦い経験を持っています。地球上で絶大なチカラを持っている宇宙創造主を熟知していたので、弱気になるのも当然です。

ランが続けます。

「地球を支配している宇宙創造主は、私たちが想像している以上に強大で狡猾《こうかつ》です。多くの光の勢力が、宇宙創造主の手によって亡き者にされています。それと同時に、非連合系の惑星人と共に地球を物理的に支配しているフリーメーソンの力も強大で、今のところ、手の施しようがありません。彼らによって情報は全て操作されていて、地球人の中で、地球の現状と宇宙的真実を知る者はほとんど皆無です」

「そのような状況下で正的覚醒を成し遂げることは至難の技です。今回、私が生まれて四年後に、このことを皆さまに伝えようとした意図は、今年一九七六年、皆さまもご存知のとおり、アンドロメダ銀河より『大宇宙連合』が救済活動の中核的役割を担うための準備に入りました。今後約五年を費やして日本の沖縄に『地球内大救済拠点』が波動界（※14）で創造されていきます。すでに渡辺大起さん率いる金星特殊仙覚魂郡の皆さまによる『琉球真王國』成立の最終儀式の準備が、着々と整ってきています。その儀式が成立して数年後、康普全大導師が大覚醒され、琉球真王國が現実化されます。琉球真王國には、私たちアンドロメダ仙覚魂郡をはじめ、その他の魂郡からも多くの方々が集結し、地球人類救済と地球を弥勒の世にシフトアップさせるためのさまざまな儀式が決行されていきます。その後、私たち生命コア融合仙覚魂郡は、地球人類救済だけではなく『本命役』の『地球の全宇宙救済大拠点化』に向けて、新たなる挑戦をしていくことになります」

「地球の全宇宙救済大拠点化、それは非常なる困難を伴う一大事業です。皆さまの力の結集がなくては、それは成し遂げられません。今まで幾度となく、挑戦が繰り返されては失敗に終わってきた大拠点創造、今回こそ、その挑戦を最後にしましょう。私たち以外にも、多くの光の勢力が地球に降臨しています。最終段階になった時には、光の勢力全てが一体となった大フィナーレが待っていることでしょう！」

「それでは、これからまた、地球の聖霊表に戻りますが、私の肉体寿命が尽きるまでサポートをよろしくお願いいたします」

　ランはそのように言い残して、船内から徐々に地球に戻っていきます。藤森少年の意識が戻ったのは、あの石のように固まっていた自分と友達がうっすらと見えてきた時です。そして次の場面では、最初に見た濃い霧が少しずつ晴れてきて、自分の肉体に戻って走っているところでした。その時には、宇宙船に戻った時の記憶は全く残っておらず、一生懸命に遊んでいるところでした。


**「大いなる導きの力」**

　私の魂年齢は八億七千万歳です。宇宙的視野からみますと、まだまだ若い魂です。本質である私の魂は、事あるごとにリーダー的な立場へ私を導いてきました。

「長男」として生まれることから始まり、幼稚園では劇の主役に選ばれ、何で自分が主役なのだろうと不思議な気持ちになりました。小学生になると、学級委員を何度か経験しますが、最初に学級委員になった時、皆から「胴上げ」されたことを覚えています。胴上げされながら、何で自分が胴上げされているんだろうと不思議な気持ちになりました。

中学生になるとサッカー部のキャプテンや生徒会長、高校でもサッカー部キャプテンや体育委員の委員長になりました。特に後者に選ばれたのは、高校の三年間で最後の一年だけ体育委員だったのですが、私よりも経験の多い方がいたので、私は絶対に委員長にはならないはずだと思っていました。しかし、委員長に推されて、ならざるを得ない状況に追い込まれました。私は体育委員会の担当の先生にも抗議をしましたが、皆で決めたことだからということで取り合ってもらえませんでした。これもまた不思議なことです。

大学生の頃はアルバイト先でリーダー的存在となり、社会人となってからも同期の中では常にリーダー的存在に推され、常に人を導く立場にたたされてきました。沖縄へ行った時も師匠たちからは、大導師が「藤森さんを『ニューリーダー』とおっしゃっています」と言われました。現在もオフィスのリーダーとして、ここで整体業を営ませていただいています。

指導者やリーダーと呼ばれる立場は、実は非常に孤独なものでもあります。たとえ、周りに仲間がいたとしても、最終的な決断は自らが下さなければなりません。また、個々人の成長に合わせて助言をし、進化に導くということは、非常に時間のかかることでもありますので、十分な心の余裕と自らを律する自制心も必要です。そのような意味から「指導者の道は苦の道」

であると言えます。しかし、だからこそ喜びもひとしおなのです。

天空の書にご縁のあった皆さまは、全て指導者の方々です。皆さまの魂は、これからの地球の行く末を案じ、自らの命役に従って行動を起こそうとしています。その行動は、一見、社会一般的には受け入れ難いことが多いかもしれません。実は、そこで試されるのが「勇気」です。勇気を出して魂の求めを真剣に生きようと行動した時、経済的損得や人間関係的損得を超えた「大いなる導きの力」が働き始めます。

**顕在意識と魂意識**

魂の求めを悟り、その求めに従って道を歩み始めた人に起こるのが「顕在意識と魂意識の融合」という現象です。これは、自らの「顕在意識」で、「魂の求め」を常に理解している状態です。この顕在意識と魂の融合を経験される方がこれから先、非常に多くなってきます。自分の本質である魂が何を為そうとこの地球に生まれたのか？　全ては魂と自らの顕在意識が融合することによって、徐々に分かるようになっていきます。魂と融合するための実践は、他項でもお話ししたとおりです。

この「顕在意識と魂意識の融合」にはどのような意味があるのかと言いますと、これから皆さまの全ての「魂能力」が「体現」されるということであり、真の救済活動が始まることを意味しています。同時に地球の「全宇宙救済大拠点化」の第一歩でもあり、地球の実在界では、大拠点創造の象徴である「連合王国」という弥勒の世を超えた「超弥勒の世」の創造も始まりました。この連合王国の基盤が出来上がったことで、二百年後、地球が「大白美針大連合（大拠点）」の中心惑星となるための第一段階が終了しました。

さらにアーミリアンダー銀河が解放された今、次世代に救済活動のバトンを渡すための準備も始まります。皆さまが頂いている魂は、お一人一人ものすごいエネルギーと情熱を秘めています。皆さまの魂には「不可能はない」といっても過言ではないくらい、能力と知性、智慧《ちえ》を身に付けています。私たちが力を合わせて「全魂一体」となって事にあたれば、必ずや「光の勢力」は一つになり、地球人類を次なる時代へ導くことができるものと思います。

## 最終項

この天空の書は、全章を通して「全宇宙創造指導者」からの凄まじいエネルギーが放たれています。そのエネルギーによって、皆さま方の魂は歓喜し「全能力」が発現されるきっかけになっていくものと思います。多くの同志の皆さまに「約束の地」に集結していただき、「大白美針大連合の中心地となる地球」を共に切り開くことができれば、この書が世に出た意味も少なからずあるものと思います。

皆さま方にお会いできることを願いながら、天空の書、最終項を終わらせていただきます。ありがとうございました。

## 追記：「魂超越」

「顕在意識と魂意識の融合」を自らの力で果たすことは、かなりの努力と時間が必要になりますが、救済拠点である天空の学び舎にて共に学んでいただくことで、その時間は大幅に短縮できるものと思います。そして、その顕在意識と魂の旅は「融合」で終わりではありません。実は、むしろそこからが本当のスタートなのです！

融合を果たした私たちが向かう次なる挑戦は「魂超越」です。

このように、宇宙においては本質的学びが次々と待ち構えていて、それらを一つずつ成し遂げていくことで、魂が進化していくのです。私たちが一人一人頂いている魂は皆、どのようなステージの惑星にいたとしても、常に「進化に挑戦し続ける」輝かしい魂ばかりなのです。

## あとがき

「天空の書」いかがだったでしょうか？
この書をお読みになった感想を下記までお送りいただけましたら幸いです。
①封書：980-0811 仙台市青葉区一番町4丁目5-7 シエロ一番町4丁目ビル2階
「仙骨整体の藤森オフィス」
③メール：senkotsuseitai@gmail.com
※オフィスのホームページ「問い合わせ」からでも届きます。

私もそうですが、地球人類全員が自ら生まれてきた意味を悟ることは、非常に難しい作業です。なぜなら、地球のような修行の世では、生まれてきた意味が分からないように記憶を消されてしまうからです。

天空の書は、皆さんがお持ちの宇宙の記憶を呼び覚ますことも一つの目的で書記されています。読み進めるうちにイメージが見えてきたり、言葉が浮かんだり、何とも言えない恍惚《こうこつ》感を抱いたり、いてもたってもいられなくなったり、さまざまな体感があったのではないでしょうか。その体感の一つ一つを大切にされてください。何度も何度も味わってください。そして、何度も何度も思い出してください。その感覚は私たちの魂の記憶です。私は皆さんよりも少しだけ早く、宇宙の記憶を思い出したにすぎません。

今はまだ、全てを受け入れることは難しいかもしれません。しかし、何度も繰り返し繰り返し読んでみてください。その内容が、魂に深く深く響いていくことが体感としてお分かりいただけるのではないでしょうか。

私たちは長い年月、地球という星で修行に没頭するあまり、自らの本当のチカラを忘れてしまいました。宇宙の本当の姿を忘れてしまいました。地球に来た本当の目的も忘れてしまいました。

でも、間もなくその記憶を取り戻す時がきます。私と同じように……。

最後までお読みいただき、ありがとうございました。仙台でお待ちしております。

藤森健太

# 宇宙新語・専門用語の解説

※1　「**感応力**」とは、ごく簡単に説明しますと、「正確な直観」のことです。感応によるアドバイスを素直に実践しますと、浄化や覚醒、成長や進化などさまざまな効果がいただけます。同時に、自身で感応力を磨くことで、さまざまな善的影響が出てきます。
また、感応はさまざまな生命体からのメッセージでもあります。守護霊、指導霊、先導神、地球神、宇宙神、大宇宙連合、全宇宙連合、宇宙的意識生命体、全宇宙創造指導者など、あらゆる生命体からの「メッセージを読む能力」でもあります。この能力は決して特殊な能力ではなく、感応講義（※2）や適切な指導を受ければ誰でも体得できます。

※2　「**感応講義**」とは講義を受ける方の魂や心の求めを感応によって導き出す講義です。通常の講義とは異なり、受ける方に必要な状報（※3）がその都度降ろされます。

※3　「**状報**」とはウソや偽りのない「真理真実」のみのものです。全宇宙および個々人の進化や成長を促進します。逆に「情報」は真理真実が著しく少ないものであり、悪洗脳や人々を迷わせるものが数多くあります。

※4　「**救済活動**」とは、今生界的な悪洗脳や誤った情報によって、肉体的、精神的に苦しんでおられる方々に真理真実を伝え、それらの苦しみから解放されるための本当の方法をお伝えし、ご本人が生まれてきた意味を実践するためのサポートをすることです。間違っても宗

教的な、〜〜を信じれば救われるという類いのものではございません。真の救済は自身が何を実践するか、いかに行動するかにかかっております。

※5 「**波動**」とは、物質が物質になる前の状態を指します。六光波動と呼ばれる六つの波動が基本となり、さまざまな波動系統へと枝分かれし、六十万もの波動が私たちの宇宙には存在しています。

※6 「**日本観音衆**」とは、大日如来を筆頭とする約五百体の日本の神仏の集合意識のことです。二〇一九年六月、日本観音衆は救済レベルを上げるため、神仏の修行の世である「裏次元（※7）」に突入しました。二〇二一年二月、その凄まじい修行を終え、表次元に戻ってきました。修行を終えて戻ってきた観音衆のことを「大宇宙日本観音衆」と言います。

※7 「**裏次元**」。次元（※8）にはさまざまなものがありますが、その区別の一つであります。主に神仏にとっては、裏次元に入りますと表次元で使用できた能力を制限され、神仏としての能力を鍛錬する場となります。また、地球の裏次元は「田球（たきゅう）」と言います。

※8 「**次元**」とは、宇宙の経度のことです。分かりやすく言いますと、生命体としてどれだけ成長したかの指標です。基本的には、次元が高いほど成長が進んでいることになりますが、

高い次元からあえて低い次元に降り立つ方もおられます。

※9　「**自然功**」とは、リラックスした状態で自然に出てくる肉体の動きのことです。逆の場合を「不自然功」と言います。例えば、トイレを我慢することは不自然功になります。また、食べたいものだけを食べることや見たいものだけ見る、聞きたいものだけ聞くなども不自然功になる場合があります。

※10　「**中心感覚**」とは、広い意味では物事の本質をつかむ能力です。例えば、人がやっていることを一度見ただけで覚えてしまうような人は、この能力の高い方です。また、狭い意味では、自分に合うものと合わないものを感覚的にとらえる能力です。手にしたものが合うものは胸に吸い付くような感じになり、合わないものは逆に離れるように感じます。この能力も訓練によって誰でも体得できます。

※11　「**惑星シフトアップ**」とは、地球に限らず各惑星は、われわれ人間と同様に成長、進化しております。その惑星の成長、進化のことをシフトアップと表現いたします。シフトアップ時には未熟な多くの人間魂がそのシフトアップに耐えられず「淘汰」されてしまいます。その淘汰を防ぐためにワンダラー（救世主）（※12）が降ろされるのです。

※12　「**ワンダラー**」とは、地球のような修行の世(※13)からユートピアの世に生まれ変わる過渡期にある惑星に降り立って、人々の救済活動をする救世主のことを言います。現在の地球には多くのワンダラーが降ろされております。今回の救済活動は、ワンダラーが「魂群」となって降ろされています。

※13　「**修行の世**」とは、宇宙に存在する惑星は、修行の世と修行が終わったユートピアの世に分かれておりまして、修行の世は人間および神仏の魂レベルを飛躍的に向上させるために与えられた「試練の世」であります。逆に、ユートピアの世は、その試練の世を耐え抜いた魂がいく「歓喜の世」と表現できます。現在の地球は、修行の世からユートピアの世に移行する過渡期にあたります。

※14　「**波動界**」とは、波動で構成されている世界のことで、現在（二〇二一年八月）の地球は九次元以上が波動界（プラス次元）となっています。八次元が今生界となり、八次元以下が物質界（マイナス次元）です。
八次元の下は〇次元にその次はマイナス一次元、マイナス二次元……となります。

※15　「**プラーナエネルギー**」とは、宇宙空間にあまねく存在しているエネルギーのことで、主に宇宙を最初に開闢した究極的意識生命体の生命エネルギーや意識エネルギーのことです。

※16 「**陽心**」とは、利他愛や思いやり、反省、感謝などを思う善なる心のことです。これに対して、自分のことを一番に考える自我的心を「陰心」と言います。

※17 「**魂**」とは、私たちの本質になります。肉体死を迎えても魂には死がありません。ですから、次の肉体に生まれ変わり、次の経験をしていくことになります。このようにして魂にはさまざまな経験が記録されていくことになりますが、その記憶を今生界で思い出すことによって、さまざまな能力が発現してくるようになります。このような魂が持つ能力を「魂能力」と言います。

※18 「**覚醒**」とは、ごく簡単に説明いたしますと、肉体細胞や目に見えない氣の「超活性化」と言えます。その覚醒を起こすためには、浄化(※19)が必要になります。

※19 「**浄化**」とは、肉体的、波動的を問わずデトックス(毒出し)をすることです。肉体的にはお風呂や水分補給、波動的には反省、感謝をすることなどが代表的な浄化法です。自らに必要な浄化業を日々行うことで、さまざまな進化現象(覚醒を含む)を起こすことができます。

〈著者プロフィール〉
**藤森 健太（ふじもり　けんた）**

1972 年、宮城県登米市生まれ。
幼いながらも地球社会の将来に大きな不安を感じていた 4 歳の時、宇宙の記憶を完全に取り戻す超常体験をするも、その記憶は長らく消滅。
しかし 27 歳の時、魂の師匠達と沖縄にて運命的な直縁を結ぶに至り、自らの命役や過去世、そして消滅していた 4 歳の記憶までがよみがえる。
32 歳で整体、リラクゼーション業を起業。現在は仙骨整体の藤森オフィス院長として仙台に在住。2 児の父親でもある。

**天空の書**　～超ワンダラーへの挑戦

2021年10月25日　初版第 1 刷発行

著　者　藤森 健太
発行者　韮澤 潤一郎
発行所　株式会社 たま出版
〒160-0004　東京都新宿区四谷4－28－20
☎ 03-5369-3051（代表）
FAX 03-5369-3052
http://tamabook.com
振替　00130-5-94804
組　版　マーリンクレイン
印刷所　株式会社エーヴィスシステムズ


ISBN978-4-8127-0453-0　C0011